和谐校园文化建设读本

勤劳节俭

李 敏/编写

吉林教育出版社

图书在版编目(CIP)数据

勤劳节俭 / 李敏编写. — 长春：吉林教育出版社，
2012.6（2018.2重印）
（和谐校园文化建设读本）
ISBN 978－7－5383－8782－7

Ⅰ．①勤… Ⅱ．①李… Ⅲ．①品德教育－中国－青年
读物②品德教育－中国－少年读物 Ⅳ．①D432.62

中国版本图书馆 CIP 数据核字(2012)第 115970 号

勤劳节俭		李　敏　编写
策划编辑	刘　军　　潘宏竹	
责任编辑	尹曾花	**装帧设计**　王洪义

出版	吉林教育出版社(长春市同志街 1991 号　邮编 130021)
发行	吉林教育出版社
印刷	北京一鑫印务有限责任公司
开本	710 毫米×1000 毫米　1/16　　13 印张　　**字数**　165 千字
版次	2012 年 6 月第 1 版　2018 年 2 月第 2 次印刷
书号	ISBN 978－7－5383－8782－7
定价	39.80 元

编　委　会

总 序

千秋基业，教育为本；源浚流畅，本固枝荣。

什么是校园文化？所谓"文化"是人类所创造的精神财富的总和，如文学、艺术、教育、科学等。而"校园文化"是人类所创造的一切精神财富在校园中的集中体现。"和谐校园文化建设"，贵在和谐，重在建设。

建设和谐的校园文化，就是要改变僵化死板的教学模式，要引导学生走出教室，走进自然，了解社会，感悟人生，逐步读懂人生、自然、社会这三部天书。

深化教育改革，加快教育发展，构建和谐校园文化，"路漫漫其修远兮"，奋斗正未有穷期。和谐校园文化建设的研究课题重大，意义重要，内涵丰富，是教育工作的一个永恒主题。和谐校园文化建设的实施方向正确，重点突出，是教育思想的根本转变和教育运行机制的全面更新。

我们出版的这套《和谐校园文化建设读本》，全书既有理论上的阐释，又有实践中的总结；既有学科领域的有益探索，又有教学管理方面的经验提炼；既有声情并茂的童年感悟，又有惟妙惟肖的机智幽默；既有古代哲人的至理名言，又有现代大师的谆谆教诲；既有自然科学各个领域的有趣知识，又有社会科学各个方面的启迪与感悟。笔触所及，涵盖了家庭教育、学校教育和社会教育的各个侧面以及教育教学工作的各个环节，全书立意深邃，观念新异，内容翔实，切合实际。

我们深信：广大中小学师生经过不平凡的奋斗历程，必将沐浴着时代的春风，吸吮着改革的甘露，认真地总结过去，正确地审视现在，科学地规划未来，以崭新的姿态向和谐校园文化建设的更高目标迈进。

让和谐校园文化之花灿然怒放！

本书编委会

目 录

古代篇

节俭的唐尧 …………………………………………… 001

舜帝种地 …………………………………………… 004

季文子坐旧马车 …………………………………… 007

清俭宰相 …………………………………………… 009

墨子提倡"节葬" …………………………………… 012

萧丞相清廉简朴 …………………………………… 014

汉文帝提倡节俭 …………………………………… 016

召信臣倡导节俭 …………………………………… 018

第五伦割草喂马 …………………………………… 020

是仪简朴持家 ……………………………………… 022

陶侃节俭用物 ……………………………………… 024

吴隐之勇饮"贪泉"水 ……………………………… 026

苏绰高风亮节 ……………………………………… 029

隋文帝以身作则,厉行勤俭 ……………………… 031

房彦谦教子廉洁 …………………………………… 033

长孙皇后临终不忘节俭 ………………………… 035

魏征勇于直谏,反对奢侈 ………………………… 037

刘晏不建豪宅 ……………………………………… 041

柳宗元勤于农事,一心恤民 ……………………… 043

范质生活"穷酸" …………………………………… 045

赵匡胤登基不忘俭朴 ·················· 047

李沆拒修建豪宅 ·················· 049

张俭穿旧袍 ·················· 051

状元王沂公回乡 ·················· 053

范仲淹坚持勤俭家风 ·················· 055

"真宰相"司马光 ·················· 059

苏轼节俭自律 ·················· 062

岳飞生活节俭 ·················· 064

王安石提倡节俭 ·················· 067

金世宗反对铺张浪费 ·················· 070

葛洪"勤工俭学" ·················· 072

马皇后严教子女 ·················· 074

朱元璋勤政俭朴 ·················· 077

徐九思的"勤、俭、忍" ·················· 080

海瑞清廉节俭 ·················· 082

万民称颂于成龙 ·················· 085

龚自珍不做皮袍 ·················· 088

近代篇

毛泽东言传身教 ·················· 091

周总理的勤俭生活 ·················· 095

邓颖超自备行李 ·················· 098

勤劳节俭的朱德 ·················· 100

刘少奇的"开口"鞋 ·················· 104

陈毅的家风 ·················· 107

"小气"的彭老总 ·················· 109

董必武不搞特殊化 …………………………………… 113

刘伯承教育子女节俭 ………………………………… 116

彭雪枫一生俭朴 ……………………………………… 119

徐特立节俭为民 ……………………………………… 123

王震带头开荒 ………………………………………… 128

黄克诚的严格"军规" ……………………………… 130

林伯渠以身作则 ……………………………………… 132

财政部长厉行节俭 …………………………………… 134

方志敏朴素的生活 …………………………………… 136

陶铸勤俭为民 ………………………………………… 138

焦裕禄严格待己 ……………………………………… 142

雷锋勤俭节约 ………………………………………… 144

抗洪英雄谢臣的故事 ………………………………… 147

将军的三件宝 ………………………………………… 152

老红军李承祖 ………………………………………… 154

老英雄邸顺义和战士们一起干活 …………………… 156

徐悲鸿买房 …………………………………………… 158

宋庆龄的"八卦衣" ………………………………… 161

鲁迅生活俭朴 ………………………………………… 163

"吝啬"的父亲陈嘉庚 ……………………………… 165

闻一多节衣缩食支持抗战 …………………………… 168

"雷锋式干部"黄显万 ……………………………… 171

节俭的老教师吴静因 ………………………………… 173

连队的好管家及和忠 ………………………………… 175

赵春娥勤俭为祖国 …………………………………… 177

张玉楼充当义务修理工 ·················· 181

老英雄孟泰的钢铁仓库 ·················· 183

胡阿素的遗嘱 ························· 187

女博士韦钰的公寓 ····················· 190

南京路上好八连 ······················ 193

黄遵宪赎衣服 ························· 199

古代篇

节俭的唐尧

在很遥远的古代，中国的黄河流域居住着许多分散的人群。他们按照亲属关系组成氏族，好些氏族又组成了部落。黄帝和炎帝就是两个大部落的首领。

过了很多年，尧凭借自己的贤能当了炎黄部落联盟的首领。他很会治理天下。不论东西南北，也不论春夏秋冬，甚至连农牧渔猎各个行业，他都安排管理得井井有条。当时的生产力很落后，吃不上饭，穿不上衣的事常有。尧整天和老百姓在一起，对大家的苦难十分关心。他自己的生活也很俭朴。

尧看到有人吃不上饭，心想：这是我使他饿肚子的；遇到有人穿不上衣服，他总觉得：这是我有过错，才使他没衣服穿的；有人犯了罪，他也首先责备自己没有尽到责任。因为尧和人民同甘苦共患难，所以他赢得了人民的爱戴。

有一天，几个部落的首领来拜望尧。他们来到尧的"王宫"门口，一看，都愣住了。

有个人先发出了感叹："天哪，他住的是什么样的房子啊！"其他人也跟着议论起来："这明明是几间最普通的茅草房啊！在我们那里，守门官住得也比他好呢！"

正说着，尧走了出来。大家见他的穿戴，更不相信自己的眼睛了，嘴上没说，心里却想："难道这个身穿补丁衣裳的人，就是大名鼎鼎的尧吗？"

这些首领们互相看了看，他们每个人都比尧穿得好，脸上不禁露出惭愧的神情，但从心眼儿里更加敬重尧了。

在尧招待各部落首领的"宴席"上，大家席地而坐，愉快地端起土钵、土碗，津津有味地喝着野菜汤，谈论着治理天下的大事。"王宫"里不时地传出一阵阵的笑声。从那以后，各部落的首领们都学着尧的样子，和老百姓同甘苦共患难，努力打造美好的家园。

历史小链接

尧（前2377—前2259），姓伊祁，名放勋，史称唐尧。公元前2377年农历二月初二在唐地伊祁山诞生，随其母在庆都山一带度过幼年生活。15岁时在唐县封山下受封为唐侯。20岁时，其兄弟挚为形势所迫让位于他，尧成为我国原始社会末期的部落联盟长。他即帝位后，复封其兄挚于唐地为唐侯，他也在唐县伏城一带建第一个都城，以后因水患逐渐西迁山西，定都平阳。唐尧在帝位70年，90岁禅让于舜，约公元前2259年，尧118岁时去世。

相传尧继帝位时二十一岁（一说十六岁），以平阳（今山西临汾）为都城，以火德为帝，人称赤帝。他性格仁慈，十分聪明，年轻有为，当上天下共主也不因此而骄横傲慢。他勤于政事，未敢休息。礼仪简单，生活俭朴，绝不浪费百姓的一分一毫。

舜帝种地

在远古时期，舜居住在平阳（今临汾）。他是一位自己凿井而饮、耕田而食的部落首领。

舜在很小的时候，母亲就去世了，他的继母总是不断地折磨他。特别是在继母儿子象出生以后，对舜更是百般虐待。

有一次，继母叫舜和象去种黄豆，她让舜种几乎不见阳光的北坡，让象种土地肥沃光线充足的南坡。她还把好豆种子给了象，把不好的豆种子给了舜。舜和象各自种下了豆种。

勤劳的舜起早贪黑，不辞辛劳，整天耕耘在地里，浇水、除草、捉虫，样样精心。早晨还没等太阳升起，舜已出现在田间了；晚上太

阳已落山，他还没有放下手中的工作。

象由于从小娇生惯养，懒惰成性，挑不动水，举不动锄，以至于不能吃一番辛苦在田间耕耘。

于是北坡与南坡的豆苗出现了截然不同的长势；舜的北坡上的豆苗，枝叶繁茂，绿茵茵；象的南坡，野草丛生，几乎看不见豆苗。

一天，帝尧来到这个地方，在山坡前，他看见一个青年人，赶着一头黄牛和一头黑牛在犁地。那人手里并没有拿鞭子，而是拿着一个小簸箕，不时地敲几下。帝尧看着，心里很纳闷，心想这小伙子真奇怪，犁地敲簸箕，这是什么意思呢？这时，有一位白发长者，挑柴从对面山上下来，那小伙子看见后，便放下手中的活儿，接过了老人的担子，一直挑到山坡下面。等那老人过来，帝尧拱手道："老人家，这小伙子是您的儿子吗？"老人说："不是，他是我们这里的小首领，家住在附近，我是他的百姓。"帝尧问："他是首领还肯替你挑柴吗？"老人说："他就是这样，见谁有困难，就帮助谁，并且身为首领，从不让别人替他干活。你不见他自己正在犁地吗？"

帝尧走上前去，问了他的名字后，帝尧又问他道："为什么耕地不用鞭子打牛而敲簸箕？"他说："牛虽是牲畜，但为我耕这样的山地，就已经很费劲了，如果我再用鞭子去抽它，实在从良心上过不去，所以，我用敲簸箕的声音吓一吓就行了。如果我要打，这头牛受痛苦就要猛拉，那头牛还按部就班。这样一头猛拉，一头不拉，结果乱了套，不仅少耕地，还累得牛精疲力尽，没有什么好处。"

听到这，帝尧连声称颂道："有道理！既勤劳又爱惜牛，你是奇才，如果你当了国君，更会用人。"后来，帝尧真的让位给了舜。

由于舜在长期的艰苦劳动中积累了丰富的经验，国计民生，防敌御侮，无不处理得井井有条，成为百姓称颂的好首领。

历史小链接

舜，传说中的上古帝王名，父系氏族社会后期部落联盟领袖。姚姓，有虞氏，名重华，史称虞舜。相传因四岳推举，尧命他摄政。

他巡行四方，除去鯀、共工、讙兜和三苗等四人。尧去世后继位，又咨询四岳，挑选贤人治理民事，并选拔治水有功的禹为继承人。但《史记》说舜是"冀州之人"，唐代张守节特别指出："蒲州河东县本属冀州。"他认为舜是河东县人。唐代蒲州河东县即今山西永济县，治所在今蒲州镇。孟子认为舜是东夷人。《孟子》：舜生于诸冯，迁于负夏，卒于鸣条，东夷之人也。

相传舜的家世甚为寒微，虽然是帝颛顼的后裔，但五世为庶人，处于社会下层。舜的遭遇更为不幸，父亲瞽叟，是个盲人，母亲很早去世。瞽叟续娶，继母生弟名叫象。舜生活在"父顽、母嚚、象傲"的家庭环境里，父亲心术不正，继母两面三刀，弟弟桀骜不驯，几个人串通一气，欲置舜于死地而后快；然而舜对父母不失子道，十分孝顺，与弟弟十分友善，多年如一日，没有丝毫懈怠。舜在家人要加害于他的时候，及时逃避；稍有好转，马上回到他们身边，尽可能给予帮助，所以是"欲杀，不可得；即求，尝（常）在侧"。身世如此不幸，环境如此恶劣，舜却能表现出非凡的品德，处理好家庭关系，这是他在传说故事中独具特色的一个方面。

季文子坐旧马车

　　季文子是中国春秋时期鲁国的宰相，他虽然身居高位，却以俭为荣，从不铺张浪费。他家的住房非常简陋，也不多用仆人。他叮嘱家人说："不要搞浮华、讲排场。饮食粗茶淡饭就可以了，衣服不脏不破就很好。"

　　有一天，他有公务出门，让他的侄儿备车。等了一会儿，不见动静，就径直向马厩走去。

　　刚走到马厩门口，他看到他的侄儿慌慌张张地将青草盖在马槽上，显出不安的神色。季文子很纳闷，问他在干什么，他侄儿支支吾吾说不出话来。季文子上前一看，原来马槽里有粮食。季文子十分生气，说："我已经说过，不许用粮食喂马，有充足的草就可以了，因为现在还有许多穷人缺吃少穿！"

　　他侄儿点点头，说："您说的道理我都懂，我只是怕别人耻笑我们，说我们小气。"

　　季文子微微一笑，说："既然明白自己做得不错，就不必去管别人说什么。"他侄儿备好了马，季文子在车上坐好，他们就出发了。马车很旧，一边走，一边发出使人心烦的吱嘎声。季文子的侄儿低着头，怕别人认出这是宰相家的马车，而季文子泰然自若，时而观望民情，时而皱眉深思。

　　当马车走到一个十字路口时，季文子下了车，与百姓们交谈。这时，走过来一位穿着十分讲究的年轻人向季文子请安。季文子转身一看，认出了这位年轻人是大臣孟献之的儿子，名叫仲孙。

　　季文子问道："你父亲可好？"

　　仲孙点头说："很好，他刚才还在这里买东西。"

季文子抬头一看，果然有辆豪华的马车正向西驰去。他说："你们家好气派啊！依我看，要适可而止，还是以俭朴为好。"

仲孙不以为然，带着几分耻笑的口气说："大人做宰相这么多年了，出出入入连一件像样的绸缎衣服都没有。喂的马，不给粮食，只给草吃。您每天乘坐瘦马破车，难道不怕别人笑话，说您太小气了吗？您这么小气，要是让别国人知道了，说不定还会认为我们鲁国人穷成了什么样子呢！"

季文子听了仲孙的话，语重心长地说："你的话没有道理，这是因为你没有懂得节俭的意义。一个有修养的人，他可以克制贪心，因为他知道节俭可以使人向上。相反，一个人铺张浪费，必然贪得无厌。一个国家的大臣如能厉行节俭，艰苦奋斗，上行下效，百姓齐心，这个国家必然会越来越强大。因此，你怎么能说节俭丢脸会使国家衰败呢？"

季文子句句在理的一番话，令仲孙哑口无言。他红着脸不好意思地走开了。

后来，季文子听说，仲孙领会了节俭的意义，他一改过去铺张浮华的缺点，重新做人了。

历史小链接

季文子（？—前568），即季孙行父。春秋时期鲁国的正卿，前601年—前568年执政。姬姓，季氏，谥文，史称"季文子"。

清俭宰相

晏婴，又叫晏平仲，是春秋时期齐国的宰相。他先后侍奉齐灵公、齐庄公、齐景公。作为国君的主要助手，晏婴节俭朴素，关心人民的疾苦，是春秋时期有名的清俭典型。辅佐三世国君，名声显扬于诸侯，人们都尊敬地称他为"晏子"。

有一天，齐景公的一位大臣去晏子家，正赶上晏子在吃饭。晏子请客人同他一起吃，可是饭是按一个人的分量做的，结果客人没吃饱，晏子也没吃饱。后来这位大臣把这件事告诉了齐景公，齐景公大吃一惊，说："啊？晏子家里很穷吗？"随后，他派人给晏子送去了许多钱和粮食，还给晏子带话说："这些钱和粮食，是专门给您招待宾客用的。"

晏子坚决不收。齐景公又接连两次派人来送，都被晏子谢绝了。齐景公有点不高兴，晏子就去向他解释说："我家并不穷。一个大臣为国家办事，得到报偿。他拿这些报偿去为百姓造福，那就是替君主来治理百姓了。如果一个大臣要把君主给他的报偿都独个藏起来，那么他再富有也不过像一只箱子罢了。最后他死了，财产还要换新主人。这种替别人看管钱财的事，聪明人是不会干的，我只要有饭吃，有衣穿就知足了。"

过了些日子，齐景公想看看晏子过的日子究竟怎样，就亲自来到他家。一进门，也赶上晏子正在吃饭。他上前仔细瞧了瞧，见晏子吃的是糙米饭，旁边有两小盘菜。一盘是野鸟肉，一盘是炒青菜。

齐景公长叹了一口气，对晏子说："您吃的这样差，我真不知道，这是我的过错啊。"

晏子刚要说什么，齐景公拦住他说："您别说了，从前我要给您土

地和钱粮，您总推脱不要，这回说什么我也要给您了。"

"我吃的很不错。"晏子搓着双手，对齐景公说："别说现在老百姓还要挨饿受冻，就连士人（等级比老百姓高的一种人）每顿也只是用米饭填饱肚子。我加上一盘鸟肉，等于士人吃两顿，再加上一盘炒青菜，顶士人吃三顿。我并没有高出一般人的品德，却吃了等于三个人的饭，这怎么能算差呢？"

说完，晏子离开位子，对齐景公再次恭拜表示感谢，可对于额外的赏赐却无论如何也不肯收。

晏子的住宅临近闹市，下雨天道路泥泞，晴天的时候又尘土飞扬，房子又矮又潮。齐景公想让晏子住得好一些，说："您选一个地势高爽，清静人少的地方，我给您盖一所宽敞明亮的大房子吧！"

晏子婉言谢绝道："我的先人一直住在这所房子里，并没有感到不满足。"

后来趁他出使晋国时，齐景公让人毁其住宅以及邻人的房舍，为他扩建成新居。他出使归来，一面拜谢景公，一面又恢复所拆邻人的住宅，又和他们一起各住其居。

还有一次，齐景公见晏子上朝的时候坐一辆很旧的马车，拉车的马也又老又瘦，于是就暗地派人给晏子家里送去一辆新车。

晏子回到家，看到院子里停着一辆崭新的车子。拉车的四匹马，全是枣红色的高头大马。他知道这一定是齐景公派人送来的，立即返身上车，吩咐仆人赶着新车，跟在他后面，把新车送回去。

齐景公见晏子又把车送回来了，很不高兴，赌气地说："您不接受我送的新车，以后我就不坐车了。"

晏子说："我不能和您比。您派我管理全国的官吏，我应该给百官做个节俭的好样子，要是您坐华丽的车，我也坐华丽的车，您驾车的马雄壮高大，我驾车的马也雄壮高大，百官就要跟着学，我还怎么管教他们，禁止他们奢侈铺张呢？"

晏子最终没有接受齐景公给他的车和马，出门仍然是坐着那辆破旧的马车。

晏婴身体力行努力推行节俭，受到齐国人民的敬重。

历史小链接

晏子，名婴，字平仲，汉族，春秋时齐国山东夷维（今山东高密）人。晏婴历任齐灵公、齐庄公、齐景公三朝的卿相，辅政长达50余年。周敬王二十年（公元前500年），晏婴病逝。孔丘（孔子）曾赞曰："救民百姓而不夸，行补三君而不有，晏子果君子也！"现存晏婴墓在山东淄博齐都镇永顺村东南约350米。

晏婴头脑机灵，善于辞令，使楚时曾舌战楚王，维护国家尊严。内辅国政，屡谏齐君。对外他既富有灵活性，又坚持原则性，出使不受辱，捍卫了齐国的国格和国威。司马迁非常推崇晏婴，将其比为管仲。晏婴是齐国上大夫晏弱之子，以生活节俭、谦恭下士著称。当任期间，其主齐灵公、齐庄公、齐景公都信任他，为春秋时期的名相之一。

墨子提倡"节葬"

在战国时代，奴隶主、王公贵族们死后，都要劳动人民为他们营建象征其地位的坟墓。棺材外面用很大的木椁（guǒ），还捆三层牛皮。死人穿着非常讲究的衣服，一起埋葬的还有玉器、丝织品、饮食用具等数不清的珍贵物品，地下要修建巨大的墓穴来埋葬这些东西。

为了减轻人民的负担，墨子（名翟，鲁国人，生于公元前376年）反对奴隶主、王公贵族的奢侈浪费的寄生生活，提出"节用""节葬"的主张。他说："人们穿衣服是为了御寒，夏天防暑热和雨水；制造车船是为了便利交通。"因此，他坚决反对在衣、食、住、行方面的任何浪费。关于埋葬死人，他说："一个人死了，有三寸厚的木板做棺材，就可以了；只要有几件衣服，不让死人赤身裸体就够了；至于坟墓，只要能掩埋住棺材，止住尸体的臭味就行了，何必挖得很深，埋得像小山那么高呢？"

为了提倡节俭，墨子和他的学生们，过着十分俭朴的生活，身上穿的是粗布短衣，脚上穿的是麻鞋木屐。墨子一生不但节俭，而且勤劳。亲手制造对人民的生活和生产有用的东西。墨子自己就是一位精通机械制造的人，特别擅长制造防御战争中使用的器械。

历史小链接

墨子（前468—前376），名翟（dí），春秋末战国初期宋国

（今河南商丘）人，一说鲁国（今山东滕州）人，是战国时期著名的思想家、教育家、科学家、军事家、社会活动家，墨家学派的创始人，墨子创立墨家学说，并有《墨子》一书传世。

萧丞相清廉简朴

在汉中通往关中的山道上，一位年轻人骑着马借着月光匆匆赶路。突然，一位老者追了上来，把这位年轻人劝了回去。这就是"萧何月下追韩信"的典故。这个年轻人便是最初未得到刘邦器重，不辞而别的韩信，那位老者就是刘邦的相国萧何。

萧何，是沛（今江苏沛县）人，秦朝时，任沛县吏。他在任县吏时期，清正廉明，从不搜刮民脂民膏。当地的百姓都很拥戴他。

有一年，萧何追随刘邦起兵反秦，兵入咸阳以后，众兵将纷纷争夺金银财物。萧何却分文未动，而是在城里到处收集秦朝廷的律令图籍，从而使刘邦对天下各处关隘险要、户口多少、风俗民情等了如指掌。

刘邦做了汉中王，萧何被任命为丞相，他也是西汉的第一位丞相，与张良、韩信并称为汉初三杰。他亲手规划和组织了都城长安的营建工程，并提倡节俭使用，不得浪费各种建筑材料。他还参与了汉初"与民休息"政策的制定，减轻劳动人民的负担。

萧何做了 14 年的丞相，在这 14 年里，萧何一直过着十分俭朴的生活，从不穿戴华贵的服饰，更很少吃山珍海味。

有一次，萧何的夫人看见他的朝服都已经旧了而且还补过了，就吩咐佣人换了一件新的。萧何发现后，很不高兴，立刻又换了回来。并指责他的夫人说："做丞相就不可以穿旧衣服了吗？"后来，萧何还做了个规定，就是没有他的命令，不允许随便更换他的衣服和用具。

在封建社会，当了官就意味着衣、食、住、行都与老百姓不一样。按当时的规定，丞相的住宅，应该是高门大院、富丽堂皇才可相称。可是，萧何给自己建造的房舍，与老百姓的住宅没有什么两样，既不是高门大宅，更没有雕镂文饰，他说："丞相也是与民休息，不能有什么特殊的地方。"

萧何虽然身居相位，但家无余财，唯有"桑几百株，薄田十几顷"，而且他在置买田产时，从来不抢肥田沃土。他说："我希望我的子孙不要堕于奢侈。"

历史小链接

萧何（前257—前193），生于周赧王五十八年（公元前257），卒于汉惠帝二年（公元前193）七月辛未。出生地在秦朝泗水郡丰邑县中阳里（即西汉沛郡丰邑中阳里），今属江苏沛县人。早年任秦沛县狱吏，秦末辅佐刘邦起义。攻克咸阳后，他接收了秦丞相、御史府所藏的律令、图书，掌握了全国的山川险要、郡县户口，对日后制定政策和取得楚汉战争胜利起了重要作用。楚汉战争时，他留守关中，使关中成为汉军的巩固后方，不断地输送士卒粮饷支援作战，对刘邦战胜项羽，建立汉代起了重要作用。

汉文帝提倡节俭

　　西汉时期，汉文帝刘恒在位 23 年（公元前 179—前 157），景帝刘启在位 16 年（公元前 156—前 141），这段时期在历史上被称为"文景之治"。它是继西周"成康之治"以后，又一个盛世。

　　汉文帝目击在他继位前后，西汉的经济凋敝，荒地未耕，民有饥色。他作为一个封建帝王很难能可贵地想道："我的百姓生活那样苦，当官的却没有看到，因而，应该提倡节俭，身体力行，安抚百姓，休养生息。"于是他采取一系列节约安民的措施：裁减京师卫队；调拨皇室马匹，充实驿站；遣出惠帝后宫美人，令之改嫁；撤销旧有苑囿，将土地赐予农民；免官奴婢为庶人；严禁列侯夫人、诸侯王子食二千石和擅自征捕；抚恤赏赐孤寡老弱；下诏咨询："百官的奉养是否过于浪费？无用的事是否办得太多了？为什么百姓的粮食如此短缺"等等。文帝在位的 23 年中，宫室、苑囿、车骑、服御都没有增加。他曾想造一个露台，招工匠计算，需花费一百两黄金。文帝说："百金，相当于中等人家十家的财产，为什么要造这个台呢？"于是下令不造此台。

　　文帝平时经常穿着黑色粗布做的衣服，就连对他最宠爱的慎夫人，要求也很严格，规定衣裙下摆不准拖到地面，帷帐是素面，全不刺绣，也没花边。

　　他修建陵墓时，下令随葬品只能用陶器，禁止用金银铜锡等贵重物品。他在遗诏中说："给我送葬的车马，不准陈列兵仗；送葬人带的白布孝带不准超过三寸；治丧期要短，在治丧期间，不要禁止百姓结婚、祭祀、饮酒和吃肉。"

由于汉文帝采取了选贤治国、轻徭薄赋、带头执法等一系列与民休息措施，也由于他带头节俭形成的俭朴之风，使西汉出现了社会安定、人给家足的繁荣景象。

历史小链接

汉文帝刘恒（前202—前157），汉代第三位皇帝，汉高祖中子，母薄姬。前196年刘邦镇压陈豨叛乱后，封刘恒为代王。高祖死后，吕后专权，诸吕掌握了朝廷军政大权。前180年，吕后一死，太尉周勃、丞相陈平等大臣把诸吕一网打尽，迎立代王刘恒入京为帝，是为汉文帝。文帝以俭约节欲自持，是个谦逊克己的君主。他好黄老之学，在位二十三年，对稳定汉初封建统治秩序，恢复发展经济，起了重要作用。文帝与其子景帝的两代统治，历来被视为盛世，史称"文景之治"。其庙号太宗，谥号孝文皇帝，葬于灞陵。

召信臣倡导节俭

　　西汉时期，南阳有位太守，名叫召（音邵）信臣，他励精图治，兴利除弊，仅仅几年的工夫，就使当地风气大变，百姓安居乐业。

　　当时正是汉元帝在位时期，西汉王朝由极盛开始转为衰败，元帝自从继位后沉溺于酒色，大小政事委任宦官石显，从元帝到贵戚近臣竞相奢侈挥霍。上行下效，朝廷的腐败风气很快就蔓延到各地，河南南阳与其他地方一样，旧的风俗盛行，民间遇到红白喜事都要大操大办，耗资巨大，弄得百姓叫苦不迭。许多人家因嫁女取媳生病终而花费大量钱财，从而数年不得翻身，有的只图一时风光而忍痛借高利贷，最终家庭破败，南阳地区地主势力很大，攀比之风更为严重，豪富们与府县官吏、游手好闲的纨绔子弟相互勾结，依仗权势，推波助澜，鱼肉乡里。腐败的社会风气使南阳的社会秩序混乱，盗贼横行，百姓苦不堪言。

　　召信臣深知礼俗的危害，下决心改变这股恶习。他一面大力倡导勤俭节约，一面下令禁止婚丧嫁娶铺张浪费。他还采取措施，严厉打击地方恶势力。对于游手好闲者严加痛斥，限令其改邪归正；对已经当官的坚决罢免；对违法乱纪、鱼肉百姓者，则绳之以法。从此以后，南阳风俗大变，秩序安定，盗贼罕见，人人努力耕稼种田，百姓日益富庶。

　　元帝最后一年，召信臣升任少府。他坚持勤俭治国，节约开支。任职不久，奏请压缩土木工程，一些皇帝很少光顾的官馆，停止修缮和铺张陈设。又奏请取消由宦官组成的皇家乐队，提议将供给卫宫馆卫队的物品削减一半。这样，在一定程度上限制了腐化风气的发展。

　　召信臣任少府以前，太宫园里曾建有温室，这是专供皇室膳食的，每到冬令时节即提供生葱、韭菜等各类蔬菜。温室建造得很考究，菜地四周盖起带庑廊的房屋，日夜生火以提高室内温度，使之在寒冬腊月，也能保证植物生长的温度。这样温室耗资可想而知，召信臣认为，这些设施劳民伤财，应该取消。于是，他借口温室里生长出来的东西不合时宜，不可用来贡奉皇帝，奏请一概废除。仅这一项，每年节约开支数千万。

召信臣千方百计革除奢靡之风，倡导勤劳节俭，深受百姓欢迎，百姓都称他为"召父"，为纪念这位"召父"，南阳吏民为他立祠造庙，世世祭祀不绝。

历史小链接

召信臣，字翁卿，民诵为召父，九江寿春（今安徽寿县）人。西汉著名大臣。曾历任零陵、南阳太守。在南阳任职期间，曾利用水泉兴修水利工程，组织民众开沟筑坝数十处。他与杜诗一前一后，在南阳都有惠政。时人称之为"召父杜母"，以表达对他们的敬爱。

第五伦割草喂马

在东汉的时候，有一位地方官，复姓第五，名叫伦。

第五伦为官清廉，持家有方，以俭治家，远近闻名，受到百姓爱戴。

在他当太守时，有一年，朝廷发给他两千石俸禄。他领到俸禄后，看到百姓中有些人家生活艰难，吃不上饭，于是，留下自家食用外，其余全部赠给穷困百姓。

汉光武帝刘秀时，第五伦出任太守。到了汉章帝时，他又被皇帝封为司空。他做官时间很长，按说应该有很多积蓄，但实际上并没有，他把大部分钱财都用于救济百姓了。他对家人的要求极为严格，不许子女穿绸衣，就连他的妻子司空夫人，平时也只穿粗布衣裙。别的有钱人家，妻妾奴仆成群，第五伦家却粗茶淡饭，家中仅有一两个干重活的仆人，其他洗菜、做饭、缝纫等家务，全由他妻子一人承担。

有一次，第五伦的一个远亲从外地来到他家。这位远亲心想，第五伦长年做官，官位显赫，家中一定是亭台楼阁，富丽堂皇。不料，当他走进第五伦家中一看，完全与他所想的相反，宅院狭小，摆设简朴，许多家具已经破旧。他还看到司空夫人忙里忙外，洗衣做饭，真让人难以相信……

吃饭时，那位远亲说："我从没听说过，大官的夫人还要下厨做饭！这不是和下等人一样了嘛！"

第五伦听了，不以为然地笑笑说："平常人家的妇人，不仅烧饭，还要干粗活，我们已经比别人强多了。持家要勤俭，否则若养成奢侈浪费的习惯，人就会变懒变馋。那样，家风就败坏了，家风不好，那才丢面子呢！我们的家风决不能变！"

那位远亲想了想，说："也许你说的是对的，不过，像你这样的大官少见啊!"

其实，第五伦在家中，不但让妻子、儿女做家务，他自己一有闲暇，也经常动手干些力气活。

有一天，第五伦的下属部门调来了一位新官。晚上，这位年轻的官员特意前来拜见上司。

当年轻人走进第五伦家中，看到一位衣着简朴的妇人，说："请禀告你家主人，有客人来访。"

年轻人说罢，坐了下来，等待那妇人去禀报。

妇人听了年轻人的话，没有立刻离开屋子，而是上下打量了一番来客，然后和气地问："官人一定是新来的吧?"说着，倒来一杯茶，放在桌上，然后坐在年轻人的对面。

年轻官员见眼前妇人不去禀报，却坐在自己身旁，心中十分不悦。他瞪了妇人一眼，重复说："你回去禀报你家主人，说有客人来。"

妇人刚要说话，恰巧第五伦的小儿子跑了进来，喊道："娘，来客人了?"

这时，年轻官员才明白，这妇人是第五伦的夫人。他十分尴尬，但第五伦的妻子却不在意，仍然和气地说："太守不在家，他吃罢饭，随仆人一起上山割草去了。"

年轻官员惊讶地问："割草?太守还要去割草?"

那孩子说："是割草，爹爹割了草好喂马啊!"

历史小链接

第五伦，字伯鱼，京兆长陵人。新朝王莽时为郡吏。因为做了很久的官但只是小官吏，没有做过大官，自己改姓名为王伯齐（袁宏《后汉纪》作"王伯春"），当时久居河东，号为道士。建武时，京兆尹阎兴召他为主簿，负责监督铸钱，统领长安市场。因为孝廉而被推举为官，候补淮阳国医工长，但没有到任。追拜会稽太守。永平年间，到蜀郡做太守。建武年间，代替牟融为司空。元和末年辞官，没几年去世，享年八十余岁。

是仪简朴持家

赤壁之战以后，三国鼎立的局面基本形成，当时，在孙权执掌大权的吴国，有一位专管国家机要的骑都尉，名叫是仪，是一个文武兼修、德才兼备的官员。

是仪原本姓"氏"，叫"氏仪"，大文豪孔融说"氏"字是"民"无上，不吉利，建议他改为姓"是"。于是，"氏仪"改为"是仪"。是仪前后做官半个世纪，从县吏到公卿、封侯。但从他未置办过任何产业，不接受额外赏赐和别人的馈赠，一辈子过着极为俭朴的生活，他布衣素食，从不追求精美华丽的服饰和味香色佳的菜肴，更谈不上粉黛附珠之妾和珍宝玉器了，他省吃俭用，把剩余钱粮都接济给了贫困的乡邻。

是仪廉于自身，固守清俭的行为，受到当地人的尊敬，大家交口称赞，人们一传十，十传百，不久就传到了孙权那里。起初，孙权并不太相信，因为在东吴时期，原来南方的土著士族和北方南徙的世家大族争相掠夺土地和人口，攀比排场，使奢侈之风日益昌盛。有的人身居高官，不思政务，却挖空心思搜刮财物，有的士族甚至积谷万仓、妻妾成群、婢女盈房、用粮肉喂犬马。孙权想：是仪固然可能没有田产，但到底会不会像朝野上下所赞誉的那样俭朴呢？为了证实传闻，他决定去是仪家看个究竟。

这一天，孙权连个招呼都没打，就驾车专程来到了是仪家，只见他的屋舍简陋窄小，因年久失修而显得破旧，屋内光线昏暗，全然不像个朝廷重臣的宅第。过了一会儿，正巧是仪家开饭，孙权坚持要亲眼看看是仪家平时的饮食，只见端上来的是粗米饭和简单的蔬菜，亲口尝一尝，味道很一般，孙权叹息不已，连声说道："想不到你为官数十载，身为朝廷重臣，竟吃得这么差，住得这么寒酸，耳闻目睹，可敬可佩！"说罢，孙权吩咐增加是仪的俸禄，并额外赏赐给他田产和住宅。是仪执意不肯接受，一再辞谢道："臣一生节俭，粗茶淡饮足矣。"孙权只得作罢。

从那以后，孙权对是仪倍加尊重。有一年，孙权外出巡视，又路过是仪家附近，忽见一幢壮观的新宅大院，外表修饰得富丽堂皇，在一片低矮的旧宅中十分引人注目，他问左右："这是谁家的新宅，如此富丽？"侍从中有人根据方位随口答道："好像是是仪家。"孙权连连摇头，说道："是仪简朴过人，堪称廉洁奉公的楷模，肯定不是他家营建的新房。"结果，一经查问，果然不是。

是仪一生勤勉、公不存私、清心寡欲、高风亮节，一直保持到生命的最后一息。临终前，他留下遗言："死后只穿平常衣服入殓，薄棺敛身，无须髹漆装饰，丧事杜绝奢华浪费，一切务必从俭。"按照是仪的遗愿，子女亲友们从简办了丧事，是仪的美德也一代一代地流传下来。

历史小链接

是仪，生于汉桓帝延熹年间。早年曾在本县及本郡任官，后来避乱江东，依附扬州刺史刘繇。刘繇被孙策打败后，是仪迁居会稽。孙权接手江东后，征召是仪，命他专门掌管机密事项，官拜骑都尉。后来随同吕蒙袭取荆州，拜忠义校尉。荆州平定后拜裨将军，封都亭侯，守侍中。黄武年间与将军刘邵在皖成功诱敌及击败魏将曹休，任偏将军，兼顾尚书事，参议诸官事务，兼领辞颂，并且教导诸子读书。是仪八十一岁时病逝，死前要求节葬。

陶侃节俭用物

陶侃是晋朝杰出的政治家、军事家。他平素勤劳节俭，更知道爱惜物力。

在他任广州刺史时，每天早晨起身后，都要从屋里搬运一百块砖到户外去，到了傍晚，又把砖搬回屋里来。有人见他每天都这样做，觉得很奇怪，便问道："你每天把砖搬出搬进，究竟是什么意思呢？"陶侃笑着回答说："现在国家已努力准备收复中原失地，如果我生活得太舒适，一旦国家需要我负起更重大的责任时，恐怕会不耐劳苦，难于承担呀！"

后来，他被调任荆州刺史，有一次，他出游在外，看见一个人手里拿着一把未成熟的稻穗，觉得有些奇怪，就问道："你手拿一把未成熟的稻穗，是做什么用的呢？"那个人回答道："这是我经过稻田时，随手摘下来的。"陶侃听了他的答话，非常生气，对他说："你不耕种，根本不知道农民的辛苦，而今却随意毁损农家的稻穗，一点都不知道爱惜，实在应该加以处罚！"于是就把他抓起来鞭打了一顿，以此教育大家要爱惜庄稼。

又有一次，他看见造船的工人把锯下来的木屑、竹头抛弃了，觉得很可惜，便下令把木屑、竹头统统贮藏起来，大家都不明白他的意思，感到很诧异。不久，下了一场大雪，天气放晴以后，积雪融化，门前路面很滑，他便叫人把木屑撒在路面上。又隔了不久，为了军事需要，必须赶造一批船只，恰巧这时竹子不够用了，他就命令工人把贮藏的竹头削成竹钉，这样又轻易地解决了困难。到了这个时候大家才明白，木屑、竹头都是有用的东西。

陶侃不仅勤俭和爱惜物力，也很爱惜光阴。他经常劝诫别人："大禹是位圣人，尚知爱惜寸阴，而我们这些平凡的人，应该爱惜光阴！"他说这段话的意思，是希望人们要格外珍惜时间，应当在活着的时候，多替社会、国家做些有意义和有价值的工作。

陶侃的一生，勤劳节俭，不但在当时受到赞扬，而且在今天，对我们也很有教育意义。

历史小链接

陶侃（259—334），字士行（或作"士衡"），本为鄱阳（今江西鄱阳）人，后徙庐江寻阳（今江西九江西）。中国东晋时期名将，大司马。初为县吏，渐至郡守。永嘉五年（311），任武昌太守。建兴元年（313），任荆州刺史。后任荆江二州刺史，都督八州诸军事。他精勤吏职，不喜饮酒、赌博，为人所称道。是我国晋代著名诗人陶渊明的曾祖父。

吴隐之勇饮"贪泉"水

离广州二十里的石门有一眼泉水，人们称之为"贪泉"。据说凡是喝过"贪泉"水的人，都会丧失廉洁之性，即使素来洁身自好，也会变得贪婪起来。因此，大凡由石门经过的人，为了标榜清白，宁可忍着口渴，也不敢喝一口"贪泉"水。402年，东晋王朝的龙骧将军吴隐之走马上任，到广州做刺史，途经贪泉，他偏偏走到泉边，舀起泉水，一饮而尽。饮罢，还作了一首诗：

古人云此水，一歃怀千金。

试使夷齐饮，终当不易心。

这首诗的意思是说，自古以来，人们都说谁喝了这口泉水，就会

生出对金钱的贪欲，但如果让那清廉的伯夷、叔齐饮了此水，他们是决不会改变自己廉洁之心的。其实，这正是吴隐之自己的志向。

吴隐之能够如此自信，是因为他长期养成了清廉节俭的习惯。他出身贫寒，少年丧父，家道艰难，孤儿寡母常以豆类、咸菜度日，还不时面临断炊的困境。贫苦的生活，培养了他的品德。他从小孝敬父母，尊重兄长，操行端正，从不贪图非分之物。因为他自幼勤奋好学，博涉文史，兼以仪表堂堂、气质不凡，被吏部尚书韩伯赏识，封以官爵——奉朝请、尚书郎，后又被封为卫将军主簿。

吴隐之的官职，本属清显之官的范畴，俸禄较多。但他崇尚节俭，仅住着几间旧房，全家人穿着自家纺的麻布，他自己还穿着带补丁的布衫，家中所用的柴草也经常由妻子刘氏自己搬运。

那一年，吴隐之在大将军谢石手下做主簿，他心爱的女儿要出嫁了。谢石知道吴家一向俭朴，就派遣自家厨子、下人准备物品去吴家帮忙操办婚事。管家把一切都料理得差不多了。第二天一大早，管家就急匆匆地赶到吴家，到大门口一看，傻眼了。悄无声息，没张灯，没结彩，根本看不到官宦人家喜庆之日的热烈景象。

正在管家疑惑不解之时，一个丫环手里牵着一条狗，从院里走了出来，经了解，才知道是老爷让她去把狗卖掉，换了钱为女儿买点嫁妆的。

吴隐之"卖狗嫁女"这件事，很快在当地传为佳话，人们都称赞他作风俭朴。

后来，吴隐之回建康当官，此时，正值东晋王朝动乱迭起、风雨飘摇之际。达官贵人们，不是沉溺于酒色、醉生梦死，就是朋比为奸、争权夺势。在此污浊不堪的环境中，吴隐之不改操行，依旧保持廉洁俭朴的作风，他所得的俸禄，都与亲族平分，共同维持生计。寒冬腊月，吴隐之竟连一床像样的被子都没有，衣服换洗时，常常身裹被絮，等衣服晾干时才有衣服穿。俭朴的生活，几乎与贫苦庶民没什么两样，成了人人称道的俊贤之士。

出任广州刺史以后，吴隐之越发注重自己的操行。平日吃饭，不沾一点儿酒肉，仅以蔬菜和干鱼佐餐，家人的衣着，依然是往日的旧衫裤。府内，凡前任刺史留下的帐帷、器服等豪华之物一概撤除，堆放在外面的仓库里。当时，人们不相信会有这样的官，说他矫揉造作、博取虚誉，但吴隐之始终不为流言所动，坚持革奢务俭。起初，帐下属吏以为新任刺史喜爱吃鱼，就常常进献剔除骨刺的鱼肉，企图讨好他。结果，却弄巧成拙，反被吴隐之黜降了官职。

东晋时的广州，并非今天的广州市，它辖有广东、广西的大部分地区，这里气候温暖，物产丰富，其州治南海番禺（今广州市）又是繁华的贸易中心，各国商船经常带来奇珍异宝。因此，做广州刺史，聚敛财富，易如反掌，历任刺史，也都是富得流油的。正如人们所说"广州刺史但经城门一过，便得三千万"，当他们离任返归时，往往载回大量奇珍异宝、金银财物。吴隐之做广州刺史则恪守节俭，分文不占。一次，吴隐之与妻子刘氏在湖边观景，刘氏乘兴送给丈夫一斤沉香（当地产的熏香料）。吴隐之嫌它奢侈，随手丢入水中。当他任满返回建康时，与南来赴任时一样，依然两袖清风。

吴隐之的为人使当时正在着手改革的刘裕深受感动，出于敬重，刘裕送给他坐车和耕牛，还要为他建造宅第，他都一一谢绝了。

不久，吴隐之又被朝廷晋升为度支尚书，专掌国家财政收入，这又是一个千载难逢的发财机会。但吴隐之抱定了不取不义之财的宗旨，尽管家空四壁，却从未染指经手的钱财。他就是这样身体厉行，节俭一生，屡升官职，不渝清操，那眼"贪泉"在吴隐之那里，不再灵验了。

历史小链接

吴隐之（？—414），字处默，东晋濮阳鄄城人。曾任中书侍郎、左卫将军、广州刺史等职，官至度支尚书，著名廉吏。

苏绰高风亮节

大统元年（535），有位叫苏绰的读书人被推荐入朝，做了西魏的行台郎中。由于他博学善思，才识超群，且尽其智能、勤恳尽职，深得宇文泰的赏识和重用，官位连连高升，直至大行台度支尚书，领著作兼司农卿等职。大统十二年（546），因多年"积思劳倦"，苏绰壮年辞世，年仅49岁。

为官期间，苏绰极力倡导清廉奉公，大胆劝谏宇文泰、上奏"六条诏书"，他针对北魏后期官场腐败、官员奢侈的问题，在"诏书"中提出君主和各级官吏应德行明敏，做到"心清如水，形如白玉"，要体恤民心，变奢从俭，当官的应对百姓"扇之以淳风，浸之以太和，被之以道德，示之以朴素"，只有这样，才能"垂拱而治天下以至太平"。

宇文泰对"六条诏书"很重视，命人抄录后作为自己的座右铭，并按"六条"采取了相应措施，使腐化之风大有收敛。

"心清如水，形如白玉"，正是苏绰自己立身处世的准则。

当官十余年，苏绰一直保持俭朴的作风，不为自己谋置田产宅第，更不仗势搜刮钱财，除了依靠所得的俸禄来维持生计外，家里别无余财。苏绰不仅严于律己，还十分注意对孩子的教育，形成了清廉的家风，他的儿子苏威，后来做了隋朝大臣，与其父一样，"行己清俭，以廉慎见称"，受到世人的称赞。

正因为苏绰位高不谋私，权大不谋利，所以深得宇文泰的信任。宇文泰不在朝中时，把一些署过自己姓名印章的空白公文纸留给苏绰，让他以自己的名义处理临时事件。

苏绰俭朴正派，文武群臣都很钦佩，在他去世的时候，大家无不凄然泪下，苏绰的遗体将要入殓时，宇文泰十分悲痛，他对公卿们说：

"苏尚书平生谦逊，敦尚俭约。我想成全他平素的志向，又恐怕那些见识短的人，不明白我的心意，如果厚葬盛殓，又会有悖于昔日与苏尚书相知之道，实在左右为难啊！"这时，有个叫麻瑶的尚书令史上前对宇文泰说："古时候的晏子，是齐国的贤大夫，他一袭狐裘用了三十年，死时只有一辆车，齐侯不夺其志。苏绰既然操履清白，谦挹自居，我认为应该从俭薄葬，以彰其美。"宇文泰同意了他的意见。

出灵那天，苏绰的遗体只用一辆布车载着，宇文泰率领公卿大臣，徒步紧跟车后，送至郊外。他亲自在车后手把酒杯，洒酒于地，表示祭奠，大声痛哭。哀痛之极，连手中酒杯也失落在地。当苏绰的灵柩下葬之日，宇文泰又专门派人，以祭祀的最高规格——"太牢"祭奠苏绰，并亲自撰写了祭文，让一个清廉节俭的忠臣享受了难得的荣誉。

历史小链接

苏绰（498—546），南北朝时期西魏大臣。字令绰，京兆武功（今陕西武功西）人。少即好学，博览群书，尤善算术，深得宇文泰信任，拜为大行台左丞，参与机密，助宇文泰改革制度。曾创制计账、户籍等法，精简冗员，设置屯田、乡官，增加国家赋税收入。

隋文帝以身作则，厉行勤俭

589 年，隋文帝杨坚实现了南北方的重新统一，他总结了前人的经验教训，认识到勤俭是治国最重要的途径之一。

为了振兴国家，他身体力行，勤于政事，俭于自奉。每天一早，便上朝理政，直到过午也不知疲倦；乘车外出的途中，遇到有人上书，便亲自停下来过问。在生活上他规定从帝王到后宫，服饰器用，务求节俭。妃嫔们的衣服，只要能穿，就不换新的；宫人们的衣服脏了，都要洗过再穿；车舆上的东西破了，补补之后再用。隋文帝自己的衣服和用物，也是用坏了随时送去修补，补好再用。

有一天，隋文帝见到太子杨勇的铠甲被精心地装饰过，很不高兴，便把太子叫到跟前，很严厉地告诫他说："自古帝王没有好奢侈而能长久的，你当太子，应该把俭约放在首位，将来才能继承好皇位，为了

让你学习我，我过去穿过的衣服，你应该各留一件在身边，经常观看，以便时刻提醒自己不要奢侈。"

有一次，隋文帝身患痢疾，配些止痢药，需用一两胡椒粉，可是，找遍了宫中上下都找不到。又一次，他到灾区视察，他拿着老百姓吃的糠给群臣看，痛苦万分地责备自己无德无能，表示今后膳食从简，不吃酒肉。

由于皇帝躬行节俭，使当时的社会上也出现了俭朴之风。一般士人平日多穿布帛，装饰品也只用铜、铁、骨制造，不用金玉，为国家节省了大量的金钱和物资。

为了提倡节俭，形成风气，他还从法律上规定，对挥霍无度者，严惩不贷。

隋文帝还经常派人侦察朝内外官员，发现罪状便加重惩罚。他痛恨官吏的贪污行为，甚至秘密派人给官吏送贿，一旦接受，立即处死。

他的儿子杨俊，生活奢侈，被他发现后，勒令其禁闭。大臣杨素认为罚得太重，隋文帝却说，皇上和百姓只有一个法律，照你说来，为什么不另造皇子律？

由于隋文帝在建国初能厉行勤俭，使政治较为清明，阶级矛盾相对缓和，人民的负担比南北朝时期有了显著的减轻，经济呈现出繁荣的景象。

可惜，隋文帝晚年对自己提出的要求没能坚持执行，他的儿子杨广上台后，奢侈无度，不久就被农民起义推翻了。

历史小链接

杨坚（541—604），隋朝开国皇帝。弘农郡华阴（今陕西省华阴县）人。汉太尉杨震十四世孙。他在位期间成功地统一了百年严重分裂的中国，开创先进的选官制度，发展文化经济，使得中国成为盛世之国。他在位期间，隋朝开皇年间疆域辽阔，人口达到700余万户，是人类历史上农耕文明的巅峰时期。杨坚是西方人眼中最伟大的中国皇帝。被尊为"圣人可汗"。

房彦谦教子廉洁

房彦谦（544—613），字孝冲。隋朝齐州人。太守房豹之侄，父房熊，曾任郡守。房彦谦幼年丧父，在母亲、兄长的抚养下长大成人。他天资聪颖，好学强记，18岁时，任北齐齐州刺史王孝珩主簿。北周灭齐后，归家闲居。隋文帝开皇七年（587），授承奉郎，迁监察御史。

隋灭南陈后奉命安抚泉、括等10州，颇有政绩，受到朝廷重赏，升秦州总管录事参军，任满又迁长葛（今河南长葛县北）县令，甚有惠政。仁寿年间（601—604），文帝遣使巡行全国考察官吏政绩，房彦谦被评为天下第一，升任辖州（今湖北荆门）司马。离长葛任时，百姓依依不舍，哭送于路，并竖碑铭其功德。任职辖州期间，因久无刺史，全州事务都由其一人处理，却被打理得井井有条，人称"异政"。隋炀帝杨广即位后，营建东都，开挖运河，修筑长城，远征高丽，穷奢极侈，民怨沸腾。房彦谦见朝纲已乱，遂辞官。后又被征为司隶刺史，因正直无私，敢于弹劾不肖，刺贪刺虐，遭当权者嫉恨，被贬出朝廷。不久病卒。其子房玄龄，为唐朝名相。

房彦谦一生为官清廉，生活极为简朴，所得俸禄多用来周济亲友，所剩无几，却怡然自得。曾对其子房玄龄说："别人皆因仕而富贵，我独因为官而贫困，我遗留给你们的，只有'清白'二字。"唐朝建立后，房彦谦被追赠为徐州都督、临淄县公，谥号"定"。其墓在今济南历城彩石乡。

由俭入奢易，由奢入俭难。

【出处】司马光《训俭示康》。

【大意】从节俭变得奢侈容易，从奢侈转到节俭则很困难。

【注】这是司马光引述他人的话，用来训诫子孙。它强调要自觉保持俭朴，防止奢侈，含有自勉、警世之意。人都想过好日子，这本无可厚非。但是过于奢华是不可取的，而且这种追求是永无止境的。商纣王用了双象牙筷子，他的臣子就要逃走，原因是看到了纣王的贪欲一发将不可遏止。所以，坚持节俭要有自律的能力。

长孙皇后临终不忘节俭

唐朝，有位以贤明而著称的皇后，她就是唐太宗的文德顺圣皇后长孙氏，她一生尊崇节俭。

长孙皇后生了三个儿子，一天，太子的乳母遂安夫人见东宫用器太少，要求皇后添置一些，皇后不许，并说："我替太子忧虑的是德不立而名不扬，并非器物太少。如今国家新建，百姓饱受战乱之苦，刚刚安定下来，太子作为储君，应多多体恤民情、注意节俭，方为仁君之德。"

她不仅对太子严格要求，自己也是躬行节俭。凡是衣物车马，只要够用就好，从不讲究。六宫上下，都以皇后为榜样，不敢靡费。

634年，长孙皇后临终之际，正是大臣房玄龄因一点小的过错被太宗遣归家门之时。长孙皇后从大唐的利益出发，再三向唐太宗求情说："玄龄跟随陛下时间最长、处事小心谨慎，参与国家机密，从不泄漏一句，为官以国为忧，孜孜求治。平日生活节俭，从不奢侈浪费，一日三餐不食山珍海味，这是多可贵的品质啊！只要没有犯什么大错，请您不要罢免他。"长孙皇后又说："我的本家有幸与皇上您结成姻亲，但他们并不是靠才德而获得高位，平素生活上不注重节俭，追求华贵，贪图享受，这很容易闹出乱子，请皇上不要让他们掌握大权，只以外戚的身份入宫请见，我就放心了。"

最后，长孙皇后又用低微的声音说："自古圣贤都崇尚节俭，只有无道之君才大兴土木、劳民伤财。我死之后，不可破费厚葬。只愿依山为坟，不用制造棺椁，所需器服用品，都用木瓦，如能以俭约送终，就是皇上对我的最好怀念了。"听了长孙皇后的话，太宗难以抑制心中的悲痛，默默地应允了她。

这位历史上少有的贤德之后，只活了36岁。

历史小链接

长孙皇后，隋右骁卫将军晟之女，13岁嫁李世民。武德元年册封秦王妃。武德末年竭力争取李渊后宫对李世民的支持，玄武门之变当天亲自勉慰诸将士。之后拜太子妃。李世民即位13天即册封为皇后。在后位时，善于借古喻今，匡正李世民为政的失误，并保护忠正得力的大臣。先后为皇帝诞下三子四女。贞观十年崩，谥号文德皇后。上元元年，加谥号为文德圣皇后。李世民誉之为"嘉偶""良佐"，并筑层观望陵怀念。尝著有《女则》三十卷。

魏征勇于直谏，反对奢侈

    魏征是唐代杰出的政治家。他一生刚正磊落，守法不移。他身为朝廷的国公、宰相，由于敢于直言相谏，所以深受唐太宗李世民的高度信任和重用。李世民把他喻为自己的一面"镜子"。魏征身上具备许多优秀品质，其中节俭朴素堪称世人的楷模，他提倡节俭治国，自己身体力行，率先垂范。

    由于李世民采纳了魏征提出的"偃武修文"的主张，又对边境各少数民族和四邻各国采取了较好的安边政策，因此，四海安定，国家兴盛。于是，扬扬得意的李世民，不断地在宫中大会宾客。四邻来使，他不惜万金，铺张欢迎。众大臣都在尽情地称贺，唯有魏征坐在一旁，默默不语。他在想什么呢？他望望各人筵前，山珍海味，丰盛无比，金杯银盏，醇香四溢。再看看这宽大的金殿，熏香缭绕，四周摆放着各种形制精美的几、案、格橱、钟鼎玉石、金银诸器，锃锃发光。一切多么富丽堂皇呀！是啊，国家兴盛了，可李世民这样铺张浪费，是不是忘记了前三年的艰难？是不是忘记了隋炀帝挥霍无度、奢侈误国的教训？是不是忘掉了民心不可失？得民心者，得天下，国家方才兴盛，如何保持这兴盛呢？魏征想到这里，感到这是当前一个最重要的问题，必须立即提醒李世民。

    在酒席上，魏征利用李世民让他发表见解的机会，饱含深情地说：

"陛下，今日国家内外安定，初见兴盛，臣为此喜泪沾襟。可是，臣又有所忧虑，国家值此方兴未艾之时，陛下安居这富丽典雅的宫殿，饱享这钟鼎玉食、金银珠宝之乐，会不会'居——安——忘——危?'"魏征一字一顿地吐出了"居安忘危"四个字，然后又疾如迅风地接着说道："陛下，树根不深，枝叶不茂! 水源不足，水流不远。当今国家初兴，根基不厚，必须居安思危，节奢侈，去浪费，一如既往，长谋远虑，以民为重，励精图治，否则前途堪忧! 切盼陛下恕臣一片愚忠!"

李世民听了此言为之一震，转眼看着魏征，正欲言语，忽然一侍臣进宫来报，原来又有十个国家的使者要来朝见，李世民十分高兴，就此下了一道口诏，要求朝廷各方面作好准备，举行隆重的仪式款待来使，不得有失大唐的体面，让来使们看看大唐的兴盛。

魏征料到，此事必然又要花费大量钱财。可是，如何处理四邻的友好关系呢? 不一会儿，魏征想出了一个两全其美的好办法。魏征向李世民谏道："臣还是那句老话，陛下应当居安思危! 当前主要是节俭。刚才，陛下传旨，要大摆仪式，接待西域来使，臣以为这样做于国不利。东汉光武帝在国家困难的时候，就暂时拒绝和西域来往，目的就是减轻劳费。眼下，国家虽然初兴，但边境的百姓还是很穷困。不久前接待高昌国王来朝，已经加重了沿途百姓的负担，现在又有十国使者要来，其人数不少于千人。这么大的队伍，从西域到京城，路途几千里，我们远接远迎，该要多大开销啊! 国家和地方，尤其是边境的百姓都承受不起这个负担啊! 往后，他们还要不断地来……"

这时，有人竟然打断魏征的话，说："依魏大人之言，莫非是要拒客于千里之外?"李世民深知国库的虚实，认为魏征主张节约，也是符合国家的实际。但是，四邻的友好使者不能不以礼相待啊!

魏征仿佛看出了李世民的心思，仍然不动声色地说："依愚臣之见，眼下四邻来使，有一个重要的目的，那就是希望和边境百姓互市贸易，俗话叫'做买卖'。我们可以答应这个要求，使双方互通有无，和睦相处。这样，四邻满意，百姓高兴，我们也可以不必铺张欢迎。四邻百族，大家常来常往，既节俭又友好，岂不两全其美！"

李世民闻言，大觉欢喜。刚才"居安思危"的劝告声，已经深深地触动了李世民。是呀！倘若不注重节俭，忘记了前三年的艰难，国家就不能继续兴盛，大唐功业就难以预料！李世民想到这里，蓦地转身，深情地望着魏征，慢慢地转向房玄龄："房卿！朕方才的口诏收回，速派人传令，停止远迎！"

魏征个人的生活十分节俭朴素。贞观十七年，魏征病倒了，人们来到魏征家中探望，发现魏征的住房很简陋，连一间接待宾客的正厅都没有，甚至连床上的被单都很不讲究，李世民得悉这些情况，感慨不已。

李世民听说魏征病情加重，预料这位老臣余日不多，自己即将失去一位忠心耿耿、直言敢谏的良臣，一时心情沉痛，没有叫人通报，就御驾亲临了魏征的家。在魏征家里，李世民举目向四周看看，只见室内的陈设朴素无华，不觉暗自感叹：在这样繁华的京城中，谁相信这竟是国公、宰相的府第？

第二天，李世民又亲自带着太子和公主一同来看望魏征，并把公主许配给魏征的儿子，魏征来不及谢恩，就与世永别了。

魏征死后，李世民十分悲痛，赐给他一品官的仪仗，命令九品以上的官员都参加治丧。朝廷罢朝五天，隆重举哀。

魏征的夫人裴氏见丧事这么隆重，便向朝廷辞谢说："魏征一生节俭朴素，现在按一品官的礼仪哀悼安葬他，这么厚重，这不是魏征生前所愿。"

李世民尊重魏征的遗志，接受了裴夫人的要求，改为从俭办丧事。

　　魏征（580—643），字玄成。汉族，巨鹿人（今河北邢台市巨鹿县人，又说河北晋州市或河北馆陶县）人，唐朝政治家。曾任谏议大夫、左光禄大夫，封郑国公，以直谏敢言著称，是中国史上最负盛名的谏臣，享有崇高的声誉。著有《隋书》序论，《梁书》、《陈书》、《齐书》的总论等。其言论多见《贞观政要》。

刘晏不建豪宅

刘晏是唐朝著名的政治家，他很善于管理经济。他官至左仆射，是负责全国财政的大臣。

他手中虽然掌管着全国亿万钱财，但自己的生活却十分俭朴。他的马车是旧的，穿的衣服也很平常，几乎与普通百姓一样。

有一年冬天，他办完公务准备去上早朝，正赶上天空下起了鹅毛大雪，五更时，街上的店铺燃起了香火，早饭的香味从一家家饮食店里飘逸出来。刘晏使劲地搓着冻僵了的双手，对车夫说："找一家店铺，买一些早点充饥，然后再去上早朝。"

车夫答应着，将马车停在一家店铺前。刘晏走下车子，步入食品店。他一看这家店的价格比别的店贵，就转身退出店外，与车夫继续往前走，在一家价格便宜的烧饼铺前停了下来，他对车夫说："你去买些烧饼，够我们两人吃的即可。"

车夫买来了热气腾腾的烧饼，刘晏急忙摘下帽子，将烧饼放在里面，然后，他和车夫一起站在雪地里吃起来。

几个也要上早朝的官员看到刘晏站在雪地里啃烧饼的样子，小声讥讽道："刘晏身为国家重臣，太寒酸了。""嘿，他怎么跟乡下佬似的！"刘晏听到后毫不在意，说："这烧饼真好吃！"

他的仆人听了人家的讥讽，心中愤愤不平，觉得脸上无光。刘晏却呵呵笑着说："别被那些世俗的说法拉过去，个人要有主见。君子仁人从来就是讲求节俭的。一个人光讲奢侈，那才是真正丢了身份呢！"

车夫听了，点点头说："老百姓还是赞成您的看法。"

刘晏的家位于闹市，居住人口杂乱。他的宅院无高楼亭阁，也无奇花异草。因此，朋友们劝他换个地方重新修座庭院，也好风光风光，而刘晏却笑而不答，仍然住在原处。朋友们见他按兵不动，就暗地里为他找了一块地皮，那里紧挨着朝中一些大臣的宅第，若在那里修建起豪华住宅，该是令人十分羡慕的。

地皮找好了，朋友们就告知他："我们实在看不过去，你的住处太糟糕了，一个普通的官员都比你的宅第强，更何况你是个掌管全国财政的大臣呢！地皮都为你找好了，你就下决心修造新府第吧！"

刘晏想了想，说："感谢你们对我的关心，但修建豪华宅院这件事，我刘晏是决不会干的。住宅能挡风御寒、住人休息也就可以了，不必去追求豪华。希望各位明白我的主张。"

历史小链接

刘晏，是唐代著名的经济改革家和理财家。字士安，曹州南华（今东明县）人。幼年才华横溢，号称神童，名噪京师，明朝时列名《三字经》。历任吏部尚书同平章事、领度支、铸钱、盐铁等使。实施了一系列的财政改革措施，为安史之乱后的唐朝经济发展做出了重要的贡献。因谗臣当道，被敕自尽。

柳宗元勤于农事，一心恤民

柳宗元是中国历史上很有才华的政治改革家、著名文学家。他体恤民生疾苦，一生勤劳节俭，特别是开发岭南、造福岭南人民的事迹千古流芳。

唐宪宗时期，已经43岁的柳宗元再度遭受打击，被贬到荒凉辽远的广西柳州做刺史。当时的柳州，古树参天、杂草丛生、毒蛇猛兽，比比皆是。生活在这里的壮族百姓，生产力低下、文化落后、迷信活动盛行、生活极端贫困。柳宗元上任后，一面改革落后的习俗，一面带领百姓勤耕垄亩、发展生产。

当时的柳州，荒地很多，柳宗元就组织闲散劳力去开垦。他教人们在被开垦的土地上种菜、种稻、种竹、种树。仅大云寺一处就种竹三万竿，开垦菜地百畦。他很重视植树造林，自己还亲自在柳江边上栽柳树，到柳州城西北种甘树。

柳宗元除了亲自动手种植中草药，还亲自采药、晒药、制药、研究药的功效，常常拿自己做试验，以认识药性和药效，向人们宣传防病治病的知识。

当时，柳州民间流传着"三川九漏"的说法，柳州人不敢破土打井，因此，人们不得不用各种器皿去背江水饮用，路途遥远，十分艰难。柳宗元动员百姓破除迷信，并亲自动手带领大家破土打井，从那以后，柳州人才吃上了自己打出来的井水。在柳宗元的教化下，柳州人还学会了养鸡、养鱼、修造船只等本领。改变了落后面貌，出现了人人劳作、勤耕垄亩、宅有新屋、步有新船的新景象。

柳宗元做柳州刺史四年，一心恤民奉公，自己生活却很凄苦。他虽为一州之长，死后无钱料理丧事，多方朋友相助，才得以归葬先人之墓。

为了怀念这位刺史，柳州人民为他在罗池立庙，奉他为"罗池之神"。这庙至今还矗立在柳州市的柳侯公园里。

历史小链接

柳宗元（773—819），字子厚，唐代河东郡（今山西永济）人，著名文学家、思想家，唐宋八大家之一。著名作品有《永州八记》等六百多篇文章，经后人辑为三十卷，名为《柳河东集》。因为他是河东人，人称柳河东，又因终于柳州刺史任上，又称柳柳州。柳宗元与韩愈同为中唐古文运动的领导人物，并称"韩柳"。在中国文化史上，其诗、文成就均极为杰出，可谓一时难分轩轾。

范质生活"穷酸"

宋代有位宰相名叫范质，身居高位，但生活却十分节俭。

他身上穿的衣服永远都是旧的，他认为只要不破，干净就行；他的饭食也十分简朴，从不八大盘七大碗地摆阔，只要够吃就行；他用的物品，更是简朴得令人难以置信。

有一次他生病了，宋太祖赵匡胤亲临大驾，前往探望。按理说，皇帝来了，应该盛情款待，用家中最好的精品才是，可是在范质家里却找不到一件精致的物品，就连请皇帝喝茶的好杯子也没有。范质用的茶具是粗瓷杯盘。皇帝看到粗瓷杯盘，立即皱了皱眉，心中很不高兴，暗想，他是朝中一品高官，怎能如此穷酸？

以后，皇帝又去了几次，细心观察，发现范质睡的是硬板床，床上铺的是旧棉被，其他家具也是旧的，皇帝心想，这哪里是宰相的家啊！

皇帝回去后，就派人给范质送去了雕花大床、鸭绒被褥和精美的茶具等。

不久，皇帝再去时，看到范质仍旧使用粗瓷杯盘，仍旧睡硬板床和旧棉被。皇帝便疑惑不解地问："爱卿身为宰相，何必这样同自己过不去呢？"范质微微一笑，拱手回答道："陛下给了我那么多俸禄，岂能置办不起好的家具？只是为臣倘若摆设豪华、过分奢侈，那么，来访的大小官吏便会一一效仿，这样，岂不带坏了朝野风气，成为千古罪人？"

皇帝听后连声叫好，称赞他"身居高位，不为自己置办财产，是真正的宰相啊"！

范质戒奢以俭的道德情操成为一代佳话。

历史小链接

范质（911—964），字文素，贺营乡范家营人。自幼好学，九岁能文，十三岁诵五经，博学多闻。后唐长兴四年进士，官至户部侍郎。后周太祖郭威自邺起兵入京，范质为避战祸，藏匿民间，后来被找到，时值严冬，郭威脱下外袍给范质披上。封范质为兵部侍郎，枢密副使。周显德四年，范质上书朝廷，建议重修法令，编定后周的《显德刑律统类》。北宋时任宰相。乾德初年负责郊祭程序仪式，定南郊行礼图，从此宋朝礼仪俱备。范质自身廉洁从不受四方馈赠，自己前后所得俸禄、赏赐也多送给孤遗。范质作诗八百言，谆谆教诲，时人传诵。

赵匡胤登基不忘俭朴

后周显德七年（960），赵匡胤取代了后周，建立了宋朝。

　　赵匡胤在位的17年里，重视农业、鼓励垦荒、兴修水利、提倡节俭。他出身寒微，当上皇帝之后，并没有因此而奢侈起来。他的生活仍然非常俭朴，平时穿的衣服都是很寻常的"浣濯之衣"，上朝穿的衣服也是用普通绸布制作的皇袍，冠戴没有珠宝玉饰。他的"寝殿设青布缘苇帘，宫中拿幕无文采之饰"。如果不是宴会，吃饭器皿只用瓷器、漆器而已。床上的蚊帐坏了，只是补补，也不肯换新的。

赵匡胤在位期间不仅自己过布衣蔬食的俭朴生活，就是对他的子女及其他官宦人员也提倡节俭。他要求"后宫衣不锦绣、侍御履不二采"。

赵匡胤的女儿永庆公主出嫁后，经常出入宫中来看望父母。她的衣着比较讲究，穿一身昂贵的贴绣铺翠襦。像这样的服饰在当时对于一位皇家公主来说，并不算过分，可是，赵匡胤看到了便说："自今以后，你不要穿这种衣服了。"公主辩解说："这能用多少翠羽呢？"赵匡胤说："你穿这种衣服，浪费是一方面，宫闱与戚畹贵族一定争相仿效。这样一来，京城中的翠羽便要涨价，小民为了逐利，辗转贸易，岂不使许多人舍本逐末？"

有一次，永庆公主来到宫中，看到皇帝的轿子一点都不华贵，就劝赵匡胤用黄金装饰一下轿子。赵匡胤不但没有接受，反而非常生气地说："我拥有四海之富，宫殿可以用金银作装饰，这些随时可以办到，但考虑到我是为天下守财，岂可妄用。古称以一人治天下，不以天下奉一人。况且用来奉养自己，我倒是快乐了，那么，让天下人怎么看呢？"

宋太祖赵匡胤的节俭言行，使朝廷大臣深受感动。宋初的大臣中也有不少生活俭朴的典范。宰相范质就是节俭的典型。皇帝、宰相都如此简朴，其他人自然也不敢过于奢侈了。

历史小链接

宋太祖赵匡胤（927—976），中国北宋王朝的建立者，汉族，涿州（今河北）人。出身军人家庭，赵弘殷次子。948年，投后汉枢密使郭威幕下，屡立战功。951年，郭威称帝，建立后周，赵匡胤任禁军军官，周世宗时官至殿前都点检。960年，他以"镇定二州"的名义，谎报契丹联合北汉大举南侵，领兵出征，发动陈桥兵变，黄袍加身，代周称帝，建立宋朝，定都开封。在位16年。在位期间，加强中央集权，提倡文人政治，开创了中国的文治盛世，是一位英明仁慈的皇帝，是推动历史发展的杰出人物。

李沆拒修建豪宅

唐太宗时的李沆，为人正直，庄重严谨，处世待人一丝不苟，深受同僚敬重。

李沆官至中书侍郎，地位显赫，但位高不慕虚荣，一向俭朴自律，从不奢侈浪费。

早年，李沆为了安顿家眷，打算在河南封丘界内修建一处住宅。由于他中书侍郎的身份，曾使很多人热心为他出谋划策，自愿为他献钱出力，但都无一不被李沆所拒绝。有位朋友对他说："你既然破土动工，就修建一座豪华住宅，一劳永逸吧！"还有人劝他说："有人主动赠款赠物，人家愿意赠，你就收下又有何妨！"

李沆听到这些劝说，十分生气，他不客气地说："恕我直言，第一，我建什么房子，你们不必过问！为我个人操心，实在不值得。第二，赠款赠物的，不管好心坏心，我都不收，一文钱一根线都不能收。好心的，我不需要；坏心的，也别来这一套拉关系。"他与管家多次悄悄商议，定下了建房计划。

几个月后，新宅修建好了。关心李沆住宅的人纷纷前来观看，挤得街前街后热闹非凡。

来观看和来祝贺的人看到新房子时都非常惊讶。原来，李沆修建的宅第门楼不高，和普通百姓的住宅毫无两样。人们议论纷纷，有的说他寒酸、小气，有的则说他故意摆样子等等。前来祝贺的知县摇了摇头，神秘地说："你们只知其一，不知其二。"

人们以为知县了解其中的秘密，都问知县有何高见，知县伸出胳膊，指着新建的宅院。说："你们都只看到了院门院墙，没有进得院内，怎么可以仅仅根据门楼高矮大小来判断宅第的好坏呢？俗话说，财不外露，我看，这正是李沆大人的高明之处哩！"

知县的话，有人信，有人不信。只是他的话引起了人们更大的好奇心，个个伸着脖子，踮起脚尖，等候着李大人打开大门，看看究竟。

李沆本不想张扬，但看到如此众多的亲朋前来祝贺道喜，只好打开了大门，请大家进了院子。

出现在大家面前的这所中书侍郎宅院，根本没有亭台高阁、假山流水、奇花异草，只不过是一座极普通的、与老百姓住宅一模一样的四合院。

人们都失望了。

事实仿佛没有使那些存有好奇心的人满足。

人们都说："李沆不愧是一位俭朴的大官。"

历史小链接

李沆（947—1004），字太初，洺州肥乡（今属河北）人。太宗太平兴国五年（980）举进士甲科，为将作监丞、通判潭州，召直史馆。雍熙三年（986），知制诰。四年，迁职方员外郎、翰林学士。淳化三年（992），拜给事中、参知政事。出知河南府，俄迁礼部侍郎兼太子宾客。真宗咸平初，自户部侍郎、参知政事拜同中书门下平章事，监修国史，咸平初年改中书侍郎，又累加门下侍郎、尚书右仆射。景德元年辛，年五十八。谥文靖。《宋史》卷二八二有传。

张俭穿旧袍

北宋时期，北部地区的契丹族建立起一个国家，这就是大名鼎鼎的辽国。

辽国皇帝圣宗耶律隆绪统治时期，有一位宰相名叫张俭。张俭做了20多年宰相，始终倡导俭朴精神，反对奢侈浪费。因为辽国地处北方，冬季长而且冷，所以人人都有皮袍。皮袍做工及面料悬殊极大，一般百姓穿的羊皮袄根本配不起面料。达官贵人常以皮袄之多少与面料、手工的优劣来显示自己的身份和地位。人们在路上匆匆走过时，总要彼此打量一下对方的皮袍。不要说那些王公大臣了，就是一般的小官吏，每人少说也有几套像样的皮袍子。

在人们崇尚华丽高贵的装束时，张俭却总是穿着那件虽然干净但却陈旧的皮袍。那皮袍看样子少说也有30年了。

张俭常开玩笑地对亲朋说："我和我的全家都讲究节俭，连我的名字也沾着节俭的边！"

张俭身为宰相，仅为自己准备了一件皮袍，一些有品德的人都说："宰相尚且穿着朴素，何况我们呢！"有些讲求奢侈的人也稍稍收敛了一些。当然，也有少数人铺张浪费搜刮百姓已成恶习，不仅认识不到张俭所作所为的意义，而且非议他有钱不用、装穷，只是为了笼络人心。

人们的议论渐渐传到了圣宗的耳朵里，他从一位大臣那里打听到了张俭只有一件穿了几十年的旧皮袍后，感到十分吃惊，说："如果张宰相的事果真如此，那确实令人佩服。不过，作为百官之首，俸银是不少的，怎么会连件好的皮袍都做不起呢？真让人有些不敢相信。"

圣宗把此事暗暗记在心中，总想寻找机会证实一下。

机会终于来了。有一天，张俭到宫中和圣宗谈论国事。当张俭谈兴正浓时，圣宗事先安排好的一位小太监手拿香火，悄悄地在张俭的皮袍背上烫了一个洞。张俭聚精会神地讲话，竟毫无察觉。圣宗看在眼里，心中十分得意：难道他仅此一件皮袍？

第二年冬天又来了，圣宗并未忘记此事。在众大臣又都穿起皮袍上朝议事时，圣宗故意地在大殿上走来走去，仿佛是在思考大家的发言。当他走到张俭背后时，故意放慢了脚步，仔细观看那皮袍。他终于看到了那个去年故意烫的小洞。

圣宗十分感动，走到张俭面前，说："张俭，你日夜为国操劳，为什么连一件好些的皮袍都不肯做呢？"

张俭连忙答道："我身为群臣之首，理应俭朴，这才能扭转奢侈之风。"

圣宗想了想，又说："朕了解你，也赞同你的想法。只是一件皮袍的确少了些，再做一件好些的换着穿吧。朕特准你到库房里在贡品中挑选一批好些的衣料。"

张俭不好违抗君命，就到库房中挑选。选来选去，足足花了一个时辰，好不容易挑选了一匹他中意的皮袍面料。

张俭挟着选中的面料来到大殿，谢了圣恩，并将面料放在自己的位子上。满朝文武，包括圣宗看到了他挑选的面料后，都惊讶地瞪大了眼睛。

原来，张俭挑选的竟是一匹粗布。

历史小链接

张俭（962—1053）宛平人（即北京），性格中正谨慎，崇尚节俭。统和十四年，中进士第一名，被委派云州做幕僚。因才干出色被推荐给皇上。职位清高显贵，号称明干。开泰年间，多次担任同知枢密院事。太平五年，被任为武定军节度使，转到了大同。太平六年，提升为南院枢密使，不久即封为左丞相，又封了韩王。后受遗诏辅立兴宗皇帝，又被封为贞亮弘靖保义守节耆德功臣，张俭在相位二十余年，对国家贡献很大，做了很多好事。

状元王沂公回乡

宋朝时，青州府的王沂公自幼好学，聪颖过人，待人诚恳。他十年苦读后，终于考中了进士，继而又被点为状元。

王沂公夺魁的消息很快传遍了京城内外，认识或不认识的人都纷纷前来祝贺。王沂公此时最思念的是故乡、是父母。不久，朝廷允许他回乡探亲。于是，他匆匆告别了汴京城，踏上返回故乡的旅途。

经过几天日夜兼程，终于在一个阳光明媚的日子进入到了青州地界。王沂公正欣赏着家乡美景，忽然，一阵热闹的鼓乐声伴着清风传来。王沂公驻马观看，只见大路不远处的一个岔道口上，聚集着一群人，他们有的在吹吹打打、有的在燃放鞭炮、有的在摆桌倒茶……

"他们在干什么？"王沂公轻声问一个过路人。过路人说："客官，您不知道吗？青州府出了个状元，名叫王沂公，这些人是知府大人派来的，在此等候迎接状元荣归故里。"

王沂公点了点头，一边感到高兴，一边又隐隐感到不安。他想：我寒窗苦读，是为了能为国为民做些事情，现在刚中了状元，贡献尚无，就惊动地方，实在不好，今日专门迎我，我若前去，必定会使地方更加兴师动众、惊扰乡里，这样铺张浪费，实在不可。

他打定主意后，掉转马头，从小路前行，他边走边想，今后为官，务必要注意节俭清廉。想到此处，他觉得自己穿朝服，骑大马，必然会被人认出来，一旦认出，实难遮掩，消息会不胫而走，到那时自己想回避铺张浪费的迎送都困难了。于是，王沂公停下来，脱了官服，找了一头毛驴代替高头大马，然后又上路了。

进了青州城，王沂公径直去见知府。来到知府官邸，只见门里门外十分热闹。府中上上下下在忙碌。他不用问，一猜便知他们是为迎接状元公在忙碌。他皱起眉头，叹了口气说："小小状元尚且如此，来了上司或朝廷官员，肯定更要铺张，此风断不可长。"

门人通报以后，知府大吃一惊，忙迎了出来。他望着便服装束的王沂公说："这是怎么回事？状元公怎么独自到了？听说您荣归故里，我已派人在路上恭候，现在，怎么就您一个人啊？"

王沂公笑着说："晚生承蒙乡亲支持，皇上恩德，侥幸中了状元，既无功，又未为家乡出力，怎敢劳动各位，惊动乡亲呢！"

知府摇头说："话虽这样讲，但状元荣归，理当迎候庆祝，这是历来的规矩，区区小事，您不必有什么顾虑和不安。"

王沂公也摇了摇头，说："大人的话，晚生不敢苟同。晚生以为，不必要的事，就不要去做，更不可虚夸，不能铺张浪费。谢谢大人的好心，但晚生实在不敢当，也打心眼儿里不同意您这样做。"

说罢，王沂公便向知府告辞，回家拜见父母了。

知识拓展

1. 凡不能俭于己者，必妄取于人。清·魏禧《目录里言》

2. 以俭立名，以侈自败。宋·司马光《训俭示康》

3. 俭则足用，俭则寡求，俭则可以成家，俭则可以立身。《古今图书集成·家范典》

4. 勤是摇钱树，俭是聚宝盆。《古今对联集锦·农村联》

5. 凡事一俭，则谋生易足；谋生易足，则于人无争，亦于人无求。

范仲淹坚持勤俭家风

范仲淹，苏州吴县人，是北宋时期著名的军事家、政治家和文学家。他一生非常俭朴，因"先天下之忧而忧，后天下之乐而乐"为后人所称颂。

范仲淹小的时候家境非常贫苦，十多岁他才上学。他读书很用功，而且生活相当艰苦。他常常自己煮些粥，等它凝成块以后，用刀划成四份，早上吃两份，晚上吃两份，这就是他一天的主食。

后来他到应天府南都学舍求学，同窗好友见他生活很清苦，就从家拿来许多美味佳肴，几天后好友发现这些好吃的食物他一点儿也没动，就非常生气。他却说："我多年吃粥已经成了习惯，如果骤然吃起这么好的美味佳肴来，恐怕以后就再也不想喝粥了。"

就这样，范仲淹历尽艰苦、刻苦学习，最后官至参知政事（相当于副宰相），但在生活中始终保持勤俭的作风。

到了晚年，范仲淹官场不得志，又和当时的隐士林逋有来往，当时人们猜测他似有退隐之意，不少人劝他二儿子范纯仁"要给他老人家安排一个栖身之地"。纯仁就找到弟弟纯礼商量要在河南府（今河南洛阳）给父亲建造一处宅第和花园，一来可以作为父亲晚年欢愉之所；二来也算做儿子的一片孝心。

范仲淹听后摇着头说："不成！不成！"

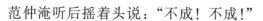

纯礼说："爹爹，河南府建了那么多宅第，我们怎么就不能营建呢？"

范仲淹语重心长地说："孩子，一个人假若有了道义上的快乐，即使是赤身露体地躺在漫天野地里，心里也是高兴的，何况我还有房子住！我早就说过：士当先天下之忧而忧，后天下之乐而乐。我怎么能无忧无虑地一个人去享清福呢！我现在担忧的是那些身居高位的人不愿从高位上退下来，而从没有担忧自己退下来以后没有好的居住条件。关于建造宅第的事，你们永远不要再提了。"

范仲淹一生俭朴，虽官居高位，也还是节衣缩食，清淡俭朴。而且对孩子们要求得也非常严格。

八月中秋的一个晚上，晴朗的天空，悬挂着一轮皎洁的明月，范仲淹家的院子里，月光像水银一样铺洒了一地。房前的竹丛旁边，放着一张竹茶几，茶几上边供着一炉香，摆列着几碟瓜果和月饼。

这时，小儿子纯粹仰着小脸问："爹，今天过节，咱们家怎么不吃好吃的呀。"

范仲淹看着刚满五周岁的小儿子范纯粹，感慨地说："哎，我小时候，你们的奶奶领着我逃难到山东。后来上学，因为家里穷，每天只能喝两顿稀粥。刚开始做官的年月里，我的俸禄少，尽管我和你们的母亲省吃俭用，也没让你奶奶吃过什么好东西。后来我的俸禄多了，你们的奶奶又早早地离开了人间。你们的奶奶真是苦了一辈子呀！"说到这里，范仲淹的心里很难过。他看着孩子们，除了纯粹仰着小脸听父亲说话，纯仁、纯礼都低下了头，露出十分悲痛的样子。

"可是，你们兄弟几个，从小就没有吃过苦。现在我最担心的是你们会不会丢掉咱范家勤俭的家风。"

到了纯仁娶媳妇时，纯仁心想：结婚是人生中的大事，绝不能办得无声无息，况且父亲又是个大官，不知有多少人要来贺喜呢。于是，他把打算购买的许多贵重物品，列了一张清单，请求父亲批准。

范仲淹拿着清单，越看眉头皱得越紧，他摇了摇头，生气地对儿子说："太过分了！哪能为婚事这么浪费？你这个清单，我得划去多半！"纯仁听了，就像被泼了一盆冷水，心里非常不高兴。

范仲淹走到儿子身边，拍着他的肩膀，语重心长地说："孩子呀，不是爹舍不得为你花钱，如果你过惯了荣华富贵的日子，就吃不了一点儿苦了……"

经过爹爹的教诲，纯仁终于冷静了下来，让爹爹为他修改了清单，比较简朴地办了婚事。

纯仁结婚后，媳妇想以罗绮（轻软华美的丝织品）为幔帐，范仲淹知道后非常生气。他说，我家向来清俭，用罗为幔，岂不是乱了我们的家法？如果他们敢这样做，我一定要在院子里把它烧掉。纯仁和纯礼想起爹爹平时的教诲，急忙说："爹爹，请您不要担心，我们一定会保持住咱们的家风。"

"那很好！这样我死以后也就瞑目了。"纯仁、纯礼走了以后，范仲淹的心无论如何也平静不下来，他为子女能保持勤俭的家风而感到高兴。同时他又感到自己年纪大了，而且身体也越来越差，但多年节俭而积蓄下来的那些俸禄又怎么使用呢？范仲淹坐在那里，反复地思考着……

这天，范仲淹把纯仁、纯礼叫来说："我年纪大了，不过这些年来我还积存了不少钱财，你们看应该怎么办呢？"

纯仁和纯礼低头想着，没有吱声。

"怎么，留给你们几个分掉？"

"不！不！我们不要。"

范纯仁脑子一转，马上说："爹爹，你在边防时曾把钱财送给了穷苦的兵士；在应州和邠州时，又善施给了那里的百姓。如果你还像过去那样，把积存的俸禄用来周济他人，不是很好吗？"

范仲淹听了纯仁的话，心中暗暗高兴。他说："是啊！我是想这么做的。我做官几十年，虽然泛爱乐善，广施于人，但对咱们老家的族人还没有做过什么事情。我想把这些剩余的俸禄在吴县买上千亩良田，作为义庄，养济族人，使范姓之民日有食、岁有衣，嫁娶凶葬都有些补贴。你们看怎么样？"

"爹爹说得极是，孩儿从命。"

范仲淹又说："这件事我已考虑了很久，还准备在族人中收一名义子，代我管理义庄。"他停了一会儿，又告诫孩子们："将来你们做了官，要保持好咱们的家风，千万不能只顾自己享乐，要先忧天下之人，要为国家和百姓多做些事情。"

公元1052年春，范仲淹又调往颖州（今安徽阜阳）。在往颖州上任的途中病逝，终年64岁。当时人们无不为这个尽国爱民的清官而悲哀，都赞叹范仲淹的高尚情操。

历史小链接

范仲淹（989—1052），字希文，汉族，苏州吴县人。祖籍邠州（今陕西省彬县），先人迁居苏州吴县（今江苏苏州），唐朝宰相范履冰的后人。他生于武宁军（治所滁州）（一说河北真定府）。北宋著名的政治家、思想家、军事家和文学家，世称"范文正公"。他为政清廉，体恤民情，刚直不阿，力主改革，屡遭奸佞诬谤，数度被贬。1052年（皇祐四年）五月二十日病逝于滁州，终年64岁。是年十二月葬于河南伊川万安山，谥文正，封楚国公、魏国公。有《范文正公全集》传世，通行有清康熙岁寒堂刻版本，附《年谱》及《言行拾遗事录》等。

"真宰相"司马光

  1086年，在山西闻喜县南旧夏县涑水乡竖起了一块高大的墓碑，上面刻着"忠清粹德"四个大字，墓碑下面静静长眠的是当朝宰相、大史学家司马光。

  司马光为官近40年，大部分时间是在中央任职，官职不低，俸禄也不少，本可以拥有万贯家财、富甲天下，但他一生戒奢戒侈、清俭廉洁，他的美德被人们万古传颂。

  熙宁元丰年间，司马光离开京都，身居洛阳，潜心著书，后来完成了光辉的史学巨作《资治通鉴》。

  洛阳是北宋西京，王公大族在这里住的很多，因此到处可以见到深宅大院、亭台楼阁。有的园宅建得富丽堂皇、气势恢宏、飞檐斗兽，华丽无比。而司马光住在洛阳西北数十里处的一个陋巷中，只有几间仅能避风雨的茅檐草舍。一到三九寒天，北风呼啸，茅檐多被风卷去，室内冷气袭人；盛夏又酷热难熬。

  一年冬天，大雪纷飞、天寒地冻、北风狂吼，一般有钱人家都得生火取暖，而司马光家竟连一盆炭火也没有，屋里寒气逼人。这时，一位东京来的客人慕名拜访司马光，在"客厅"里，宾主落座、热情交谈。谈了一会儿，因为室内寒冷，以至于冻得客人瑟瑟发抖。司马光觉得很抱歉，只好吩咐熬碗栗子姜汤给客人祛寒。客人喝了姜汤，自然身体暖和了一些，又叙谈一阵后起身告辞。

后来，这位客人又去拜访范镇，范镇家中，不仅有炭火取暖，而且摆上丰盛的酒菜，宾主频频交杯，消寒去冷。前后对比，客人便提起了拜访司马光的事，感到司马光对自己不友好。范镇听了，认真地说："不，你不了解他，他一向崇尚俭朴，不喜欢奢华。不是对你冷淡，我到他家也一样。平日，他自己连一杯栗子姜汤也不喝呢！"客人听了十分感动。

后来，司马光想了个办法，解决了房屋"夏不避暑，冬不避寒"的问题——他在房中挖地砌砖，修了个地下室。因此，当时的西京人流传这样一句话："王家钻天，司马入地。"

司马光本来官高势显，要想积万贯家财，富甲天下，是完全可以办到的，然而，他却以清贫自守。

司马光为官正派，一生忧国忧民，他看到北宋人民因为穷困卖儿卖女，无以为生；宗亲贵臣之家却花天酒地，挥霍无度，对此他十分憎恶，他认为："府库之财，民之膏血"，必须节用开支，以舒民力。嘉祐八年，宋仁宗向大臣们赏赐财物，金银珠宝、丝绸绢帛，光彩夺目。大臣们各个乐不可支，有的还觉得皇上给的少。司马光见此情景，十分反感，于是上疏皇上，指出国家正处多事之秋，"民穷国困，中外窘迫"，表示不接受赏赐，他把所得珠宝交给谏院作为办公费。

司马光为人心地善良，经常把俸禄周济穷困的亲戚朋友。有一个叫庞籍的人，死后遗下的孤儿寡母，生活无着落，非常可怜，司马光便将他们接到家中，待他们如同自己的父母兄弟，使周围的人深受感动。后来，他的妻子故去了，他竟连安葬妻子的钱也拿不出，只好把自己仅有的三顷薄地卖掉，安葬了妻子，这就是人们传颂的司马光"典地葬妻"的故事。

司马光不仅自己一生节俭，他还特别重视对子女的勤俭教育，他写《训俭示康》一文教育儿子司马康，必须养成俭朴的习惯。他说："衣服能以蔽寒，吃的能够充饥就可以了。许多人以奢侈豪华为荣，我独以俭朴为美德。"他还引鲁国的大夫御孙的话说："俭是一切美德的基础，奢侈是万恶的根源。"他引申解释说："凡是俭朴的人私欲就少，如果有地位的人私欲少，就不会被五光十色的物质所诱惑，就能走光明正大的道路；一般的人私欲少，就能够自身谨慎，节俭花费，避免犯罪，发家致富，所以说，俭是一切美德的基础。奢侈，就私欲多，有地位的人私欲多，就会贪图富贵，离开正道招来祸患；一般的人私欲多，就会多取滥用，败家丧身。因此当官必然受贿，当平民必然偷盗。所以说，奢侈是万恶的根源啊。"

司马光以其高尚的道德赢得了崇高的威信，被誉为"真宰相"。田夫野老、妇人孺子，都知道有个司马相公。宋哲公继位以后，司马光被召回京师，听说司马相公要从洛阳回来了，人们几乎倾城出动，他们都要亲自看一看这位"大人"。史书记载当时的情景是："都人叠足聚观，致马不能行。有登楼骑屋者，瓦为之碎，树枝为之折。"人们都以亲眼目睹司马光尊容为一生的荣幸。

司马光晚年，年老体弱，他的好友刘贤良要用 50 万钱买个女婢供他使唤，司马光当即回信谢绝，说："吾几十年来，食不敢常有肉，衣不敢有纯帛，多穿麻葛粗布，何敢以五十万市一婢乎？"

司马光的俭朴德行对后辈的影响很大，他的儿子司马康做官以后，也像父亲一样节俭朴素，被称为"为人清廉，口不言财"的一代廉士。

历史小链接

司马光 （1019—1086），北宋政治家、文学家、史学家。初字公实，更字君实，号迂夫，晚号迂叟，司马池之子。汉族，出生于河南省光山县，原籍陕州夏县（今属山西夏县）涑水乡人，世称涑水先生。历仕仁宗、英宗、神宗、哲宗四朝，辛赠太师、温国公，谥文正，主持编纂了中国历史上第一部编年体通史《资治通鉴》，为人温良谦恭、刚正不阿，其人格堪称儒学教化下的典范，历来受人景仰。

苏轼节俭自律

苏东坡是宋代著名的文学家。他曾做过宋哲宗的侍读。

他在给皇帝的奏章中陈述了皇帝成功治理天下必须注意的六件事，其中很重要的一件是：讲节俭，简约朴素，不伤民财。

正因为如此，有一次宋神宗要大办元宵节，购买"浙灯"四千盏。苏东坡反对这样铺张浪费、劳民伤财，就大胆写了《谏买浙灯状》。神宗认为他的意见是对的，决定不再购买"浙灯"了。

苏东坡 21 岁中进士，做了 40 年官，有得意之时，也有被贬的不幸遭遇。不管是处于逆境还是顺境，他都节俭自律，极力反对奢侈。他认为奢侈腐化、大吃大喝不仅有害风气，也有害身体。在给一位友人的信中，他写道："口体之欲，何穷之有？每加节约，亦是惜福延寿之道。"这句话的意思是说，人的欲望是无穷无尽的，注意节约，对身体和事业都有好处。

由于他养成了节俭的好习惯，所以他被贬官降职来到偏远地区时，也没有被穷困窘迫所吓倒。

在他顺利时，身居高位也不忘节约俭朴。他为自己立下规定：每顿饭只能是一饭一菜；若来了客人，也只许加两个菜。如果亲朋请他去吃饭，他也事先告知对方，不要铺张，不然他就拒绝入席。

一次，他的一位好友从远地来，多年不见，分外亲热。好友请他去叙旧，苏东坡推辞不过，再三叮嘱他按老规矩，不可铺张，友人连连答应。

第二天，苏东坡按约赴宴。当他来到友人家中一看，大吃一惊。原来，友人觉得多年不见，今日宴请苏东坡，理应丰盛一些，所以做了丰盛的佳肴。而在苏东坡看来，却是过于奢华排场了。

苏东坡皱皱眉头，说："有约在先，怎么还这样铺张。"友人一再解释说："按我原意，比这还要丰盛，已经按兄长之意减去一半了。"

苏东坡摇摇头，说："你还是不了解我呀，我不是仅嘴上说说而已，而是从心眼儿里反对浪费的。请你撤去多余的菜饭，够我二人食用即可，不然，我就要告辞了。"

那友人点点头，心里顿时升起敬佩之情，说："好，按你的意思办。"

仆人撤去了一大半，仅剩下四个盘子一壶酒。苏东坡笑着说："这不是很好嘛！"他和友人举起酒杯，热情地叙谈起来。

历史小链接

苏东坡 （1037—1101）宋代文学家、书画家。原名苏轼，字子瞻，一字和仲，号东坡居士。眉州眉山（今属四川）人，眉山"三苏"之大苏。

岳飞生活节俭

　　伟大的抗金英雄岳飞，他不但以抵抗金兵和反投降斗争的丰功伟绩著称于史，而且以他节俭廉洁的高尚品格激励和鼓舞着后人。

　　岳飞生于寒微之家，在行伍之中不到十年，"位至将相"。他虽身居显位、高官厚禄，但并没有忘记百姓的疾苦，而是保持了节俭淡泊、刻苦励志的美德。

　　当时诸大将中除岳飞外，刘光世、张俊、韩世忠、吴玠、杨沂中，都以经营田产致"金钱巨亿"，"置歌儿舞女"竞相侈靡。而岳飞，除了高宗赏赐之外，不经商、不置田产、不营造豪华的宅邸。平时饮食不超过两个荤菜。一次，岳飞留自己的部将郝政一起进餐，碰巧一个荤菜也没有。郝政很不高兴，便送岳飞酸馅，岳飞尝后，把剩下的当作"晚食"。又一次，岳飞发现饭桌上添了一道红烧鸡，他马上查问，厨师回答说，是州里送来的，岳飞传命下属，此后不许为他进送佳肴。

岳飞在家穿的是布衣素服,他不娶姬妾,家中更无歌儿舞女。蜀帅吴玠的一个属官,到鄂州来后与岳飞商议军事,岳飞设宴招待他,让这个属官非常奇怪的是:宴会直至结束,也没有出现一个女人来陪酒。他回四川后,即向吴玠谈起此事。姬妾成群的吴大帅,从结好岳飞的角度考虑,立即花了二千贯钱买了一个出身于士族家庭的姑娘,以及陪嫁的金珠宝玉送给岳飞,岳飞盛情难却,但以岳飞的志向和情操是断然不能纳妾的,如何婉言辞谢呢?岳飞思来想去,最后想出个办法。这天,吴玠派人把买来的姑娘连同陪嫁的珠宝送给岳飞,见面时,岳飞叫那位姑娘立在屏风后面,对她说:"我家的人,都穿布衣,吃的是肉末酱面,姑娘倘能同甘苦,就请留下。否则,我不敢留!"

姑娘只是吃吃地发笑。她原是为了坐享荣华富贵而来的,听了岳飞的话,感到嫁入将相之家,居然要过这般清淡生活,不免感到好笑,她以这种方式表达了自己的不满意。岳飞于是对姑娘说:"既然如此,则不可留也!"岳飞把姑娘连同陪嫁的珠宝都退了回去。当时部将都劝岳飞把她留下,"以结好"吴玠。岳飞说:"如今国耻未雪,难道是大将安逸取乐的时候吗?"吴玠听说后不但不生气,反而愈加敬重岳飞了。

岳飞不仅要求自己节俭,对家里人也是如此。他一回家,脱下官服就穿上布衣,因此家里人平时都穿布衣。有一次,他偶尔见妻子穿了绸衣,岳飞就对她说:"我听说皇后娘娘、王妃、贵嫔(指被金人掳去的帝室)在北方过着艰苦穷困的生活,你既跟我同忧乐、共甘苦,那就不适宜穿这么好的衣服。"夫人李氏听了连忙换穿布衣。

岳飞对子女的教育也极为严格,首先从生活上培养他们热爱劳动、艰苦朴素的美德。当时,从农村到都市,酒铺林立,喝酒成风。岳飞却对儿子们规定:除了喜庆节筵外,平日里一律不准进酒。每天对子女们的功课也是抓得很紧的,学业完成之后,岳飞还要他们扛着铁锹到菜园里劳动。他对子女们常说:"稼穑艰难,不可不知也!"

岳飞自己过着淡泊清廉的生活,对他人则慷慨解囊。他将朝廷的厚赏,都用来奖励战士。军中缺粮,宁可出家财、私藏以资助。母亲、兄弟从北方接出来后，在九江安家，他没有建筑豪华的住宅，而是聚族而居，当时家产也"仅有田数顷"。

岳飞被害抄家，"家无余财"。秦桧不相信，穷凶极恶地审问岳飞的吏仆，结果，还是被抄家时的那点财物。20年后，岳飞得到平反昭雪，朝廷偿还岳家充公的财产，计钱仅三千八百二十二贯，水田七百多亩，陆地一千一百多亩。经办的官员，"恻然叹其贫"。当时诸大将在杭州都建有规模宏大的宅邸，唯独岳飞没有。高宗曾打算在杭州给岳飞建造华丽的府邸，岳飞慨然辞谢，他说："北虏未灭，臣何以家为！"

淡泊存高志，宁静以致远。岳飞的确是当之无愧的。

历史小链接

岳飞（1103—1142），字鹏举，汉族。北宋相州汤阴县永和乡孝悌里（今河南省安阳市汤阴县菜园镇程岗村）人。中国历史上著名战略家、军事家、抗金名将。岳飞在军事方面的才能则被誉为宋、辽、金、西夏时期最为杰出的军事统帅、联结河朔之谋的缔造者。同时又是两宋以来最年轻的建节封侯者。南宋中兴四将（岳飞、韩世忠、张俊、刘光世）之首。

王安石提倡节俭

宋朝著名政治家、文学家王安石一生致力于变法事业和文学创作，对于吃穿打扮这类事情，从来都不放在心上。平时，朋友们看见王安石总是穿着一件旧衣服，于是有个朋友就说，安石准是有了怪毛病，一定是不喜欢穿新衣服。为了验证这一猜想，有一天，趁洗澡的时候，他偷偷地把王安石的旧衣服拿走了，又放上了一套华丽的新衣服。过了一会儿，王安石洗完澡，拿起那套新衣服，连看都没看，穿上就走，他根本没发现自己的衣服被人换过了，这时，朋友们才明白，王安石专心干事业，对平时穿什么衣服根本不在意。

至于吃饭，王安石也从来不挑拣，家里做什么，他就吃什么，只要能吃饱就行了。后来，王安石做了丞相，家人们私下传说他爱吃獐脯，这话传进王安石夫人的耳朵里，夫人好生疑惑，心想：相公平日吃东西从来不挑拣，难道做了丞相口味就变了吗？

想到这里，她就唤来家人问道："你们怎么知道相公爱吃獐脯呢？"家人答道："我们亲眼看到相公不吃别的，只吃獐脯。"

夫人想了想，又问道：

"吃饭时，獐脯放在什么地方？"

家人说："放在相公面前。"

夫人心中一动，吩咐说：

"明天吃饭时，你们把獐脯放到离他远的地方去，把别的菜放在相公面前，看看相公怎样？"

第二天，家人来向夫人报告道："我们照夫人的吩咐做了，今天相公只吃了眼前的菜，那盘獐脯连动也没动。"

身为宰相的王安石，虽官高禄厚，但自己不讲究穿、不讲究吃，招待来客也不失节俭。

有一次，王安石儿媳家有位萧姓公子，趁来汴京游玩的机会，特地华衣锦服，来拜相府。这位萧公子，在家娇生惯养，吃惯了美味佳肴。这次来相府，满以为会有什么珍馐美味大饱口福。所以一上午，禁食节茶，以迎盛宴。

时近中午，仆人来唤，萧公子跟随仆人来至餐厅。出乎公子意料的是，桌上只有几盘家常便菜，几杯薄酒，他有些失望了。但转念又一想：宰相府焉能如此寒酸！酒过数巡，王安石说了声："进汤饭来！"随后，仆人便把一盆汤和两盘薄饼放在桌上。这回萧公子彻底失望了，只好拿起一张饼，去掉边和皮，勉强吃起了饼心，只吃了一口便撂筷了。这萧公子哪里知道，这便饭还是王安石的待客饭呢，他平日只有一菜一汤啊。

王安石看了看桌上的残饼，想道：百姓多有食草根、树皮、观音土者，年轻人竟如此不知节俭，怎能兴国立业！于是，对萧公子说："公子，你读过唐朝李绅的悯农诗《锄禾》吗？"萧公子答道："读过。"接着，背了起来："锄禾日当午，汗滴禾下土；谁知盘中餐，粒粒皆辛苦。"王安石捋着胡子说："背得好！公子，你一定知道这诗的含义吧？"王安石的小儿子抢着说："我知道，是说农夫顶着晌午的烈日去锄禾，汗滴洒在禾苗下面的土里，可吃饭的那些人，有谁能知道盘子里的饭，一粒粒都是辛苦劳动换来的呢。"王安石道："说得好，既然这盘中餐，粒粒皆辛苦，我们把这残饼吃了吧！"说完，拿起一块，大口大口地吃了起来。

历史小链接

王安石（1021—1086），字介甫，号半山，谥文，封荆国公，世人又称王荆公。北宋抚州临川人（今江西省东乡县上池村人），中国历史上杰出的政治家、思想家、学者、诗人、文学家、改革家，唐宋八大家之一。北宋丞相、新党领袖。欧阳修称赞王安石："翰林风月三千首，吏部文章二百年。老去自怜心尚在，后来谁与子争先。"传世文集有《王临川集》、《临川集拾遗》等。其诗文各体兼擅，词虽不多，但亦擅长，且有名作《桂枝香》等。

金世宗反对铺张浪费

金世宗是中国历史上很有作为的帝王之一。在他统治时期，极力推崇节俭，并且身体力行。他从即位以来，穿的、用的，往往还是旧的。他吃的也比较节省，从不铺张摆阔。一次他正在吃饭，他的女儿来了，他竟没有多余的饭菜给女儿吃。

还有一次，太子詹事刘仲海向金世宗请示增加东宫的收入和陈设。他没有同意，并且说："东宫收入已有规定，陈设也都有，为什么还要

增加呢？太子生于富贵，容易养成奢侈的习惯，你们应当引导他崇尚节俭。"

平时，他主张节俭，反对铺张浪费。他对秘书监移剌子敬说："亡辽的日子，杀了三百头羊来庆贺，哪里用得了那么多，这是白白地伤生呀！这是多么大的浪费呀！我虽然处在至尊的地位，每次吃饭，常常想到天下那么多的贫民还在忍饥挨饿，这个情景，仿佛就在面前一样。"

大臣们认为皇帝不同于常人，可以奢侈一些。他不以为然地说："天子也是人，浪费有什么必要？"当时，各地时常向朝廷进贡一些食品，他认为这样就是浪费，于是几次下诏罢止。

他听说自己到各地住过的殿堂，都封闭起来，不再让别人住了，他认为这样做太无聊，就让大臣下诏令，这些房子要开封，仍然可以住人。

他经常教育太子、亲王，要他们注意节俭，并以自己所穿的衣服为例说："我的这件衣服已经穿了三年多，至今未曾更换，现在还是好好的，你们应当记住我的话。"

历史小链接

金世宗完颜雍（1123—1189），原名完颜褒，金朝第五位皇帝（1161—1189 在位）。女真名乌禄，金太祖完颜阿骨打孙，海陵王完颜亮征宋时为辽东留守，后被拥立为帝，在位 29 年，终年 67 岁。即位后，停止侵宋战争，励精图治，革除了海陵王统治时期的弊政。金世宗十分朴素，不穿丝织龙袍，使金国国库充盈，农民也过上富裕的日子，天下小康，实现了"大定盛世"的繁荣鼎盛局面，金世宗也被称为"小尧舜"。金世宗统治时期，改善了民族不平等待遇，却未能真正消弭。他死后谥号光天兴运文德武功圣明仁孝皇帝，庙号世宗，葬于兴陵。

葛洪"勤工俭学"

在丹阳句容县，街市上经常能看到一个十几岁卖烧柴的孩子。他面黄肌瘦，衣服上打着补丁，挑着烧柴沿街叫卖，他的担子很重，以至于把他的脊背都压成了弓形。这一天太阳都偏西了，还没有人买柴，他就一直把担子挑到文具店的门前，放下担子坐在柴捆上擦汗。他经常来县城卖烧柴，也经常到这家店铺里来，他的名字叫葛洪，是个勤劳节俭、刻苦学习的孩子，看起书来常常废寝忘食。邻居的孩子们每天下棋玩耍，玩掷骰等游戏，可他从不参加这些游戏，一心把时间放在学习上，长这么大了，连棋盘几道格都说不清楚。读书学习、买纸买笔要花费不少钱，然而葛洪的家里很穷，吃穿都供不上，哪儿来的钱给他买学习用品呢？别看他还是个孩子，可是性格刚强，很有主见，家里没钱给他买笔、墨、纸、砚，他就每天早上上山砍柴，等砍足满满两大捆，就挑到城里去卖，卖了钱之后买些纸、笔等回去学习。有时笔用秃了就再买一支价钱便宜的毛笔，用毛笔在写过小字、大字的纸背面再写字，一张纸要用三四次。

一天，葛洪挑着两大捆柴来到了文具店，正歇在大门外擦汗，文具店老板出店送客，回头看见葛洪坐在那儿，就打招呼说："小伙子，又来买纸了？"葛洪说："大伯，今天我的柴还没卖出去，想买点纸又没有钱，大伯你家不缺柴用吗？买下这些烧柴吧！都是一色儿的干树枝子，可好烧啦！我不要钱，你给我些纸笔就行，我这就给您挑进去。"店老板打心眼儿里喜欢这个说起话来响呱呱的孩子。于是笑着说："行啊！孩子，你帮我把柴搬到后屋去，我这就去给你拿纸笔，保证是上等的纸和最好用的笔。"

　　葛洪就是这样，用砍柴换钱来勉强维持学习，由于刻苦努力，后来他博学多才，经史百家他都有研究，而且还深通医道。

历史小链接

　　葛洪（1152—1237），初名伯虎，字容父。浙江省东阳市南马镇葛府人，后居城内葛宅园。绍定元年（1228年）十二月任参知政事，封东阳郡公，守正尽公，不为苟合。平生清正廉洁，常以"职业无愧禄养"自勉，不攀附权戚。返归故里，创设义塾，延师育人。然忧国之念，无时或忘，临终尚问北边消息。辛赠太师，封信国公，谥"端献"。著有《奏议杂著文》24卷、《蟠室老人文集》、《涉史随笔》（《知不足斋丛书》有一卷抄录）等，《文献通考》有著录，收入《四库全书》。《宋史》卷四一五有传。

马皇后严教子女

安徽凤阳，是明太祖朱元璋发迹的地方，在这里至今还流传着"说凤阳、道凤阳，凤阳是个好地方，不仅出了个朱洪武，还有一个贤德的马皇娘"的歌谣和民间故事。朱元璋是中国历史上的一位杰出皇帝，在历史的舞台演出了一幕幕惊人的话剧，令人难忘。然而在他身后，还有一位不应被遗忘的人，她虽然属于被封建男士们称为"贱内"的女流之辈，但她和朱元璋同甘共苦、终身相伴、一生尊节俭，对朱元璋的称王霸业有很大辅助和影响。她就是埋葬在凤阳东陵明太祖的马皇后。

作为皇后，马氏确实像朱元璋在洪武元年（1368）封功授爵的典礼上称赞的那样："皇后出身布衣，和我同甘共苦，创业天下，她的内助之功至大。"她一心一意关心、辅助丈夫治理这个新诞生的国家，同时又非常勤劳地治理内宫及教育子女。

她每日起早贪黑，亲自带领、督促宫妃妾们治女活，从不懈怠。她常告诉内宫妻妾、王妃公主们："无功受禄，是造物主所憎恶的事，我们这些后妃妻妾，受用着山珍海味、锦绣衣裳，却终日悠闲无所作为，这岂不违背了造物主的意志？因此，我们应该勤劳治女活，报答造物主的恩宠！"

她严格地教育自己生的五个儿子，希望他们将来一个个都成为正直有为的人，她经常督促他们学习为人和治国的道理。她常对王子们说："你们的父亲是穷人出身，能成为万民之主、治理国家、为人民求太平，也是勤学的结果。你们后辈小子，更应当勤奋好学，不要辱没了你们尊贵的出身！"她还教诲他们为人要仁爱忠厚、同情贫苦的人民。她经常把农民种庄稼的辛苦、下层人民生活的艰难告诉王子们，要他们关心人民疾苦，戒除自己的骄纵。每当看到织工纺织时的零头、断线，她总是让她们收集起来，织成布匹、制成衣服赐给各王妃、公主，并告诫她们："生长在富贵中，应当知道农妇种桑养蚕的艰难不易。"

她严格地教育子女，特别对皇太子朱标的教育很重视，她让朱元璋遴选宋濂等名儒教读。她还时常训诫朱标说："你生长在富贵之家，不知贫民疾苦。现在从师受读，要以仁德为怀，不可好逸恶劳、心存骄奢。须知这些都是自取败亡的原因，你要永远铭记才好。"

马皇后最小的儿子周王朱棣，生性放荡不羁，当他成年后至藩地开封，马皇后派江贵妃随同。她交给江贵妃一件自己常穿的破旧衣服，以及一根木杖，嘱咐道："倘若周王有过错，你就穿上我的衣服，代我责他。如他倔强不听话，就派人飞马送报京都，不要轻易饶恕！"

每逢各地有灾荒，马皇后就率领宫人们食蔬，不肯服用带荤美食。朱元璋劝说道，"已发送粮食去救济那里的灾民了，皇后不必过于忧心。"平时，马皇后经常问太祖："百姓们是否安居乐业?"她还说："皇帝是天下之父，我作为皇后，便是天下之母。孩子们若不能安生，我们作父母的，又如何能心安理得呢?"

由于明太祖统治时期的休养生息，国力逐渐恢复。宫廷内外，崇尚奢侈的习气风行起来。马皇后力挽颓风，卓尔不群，仍以俭示天下。她严禁自己左右的侍御及宫女们衣着特殊，并以身作则，做出表率，"食不求甘美"，常穿的裙子也不加花边。在她的影响下，"左右旁人皆无香薰之饰"。每月的初一、十五两天，众宫妃前往请安，看到她穿着与众不同的粗疏袍衣，却以为是绮丽的新式样。一次，她们特意走到马皇后面前细看，待看清是极粗劣的衣服之后，都忍不住笑了。马皇后严肃地说："这种缯布特别适宜染色，穿旧了，还可以染旧如新，因此我常穿着它。"

马皇后平时居家，总穿一身粗布衣服，虽已破旧却也舍不得换。每次制作衣服的零布，她都收集起来，做成被褥。她常说："身处富贵，应为国家爱惜财物，随便丢弃、毁坏东西，是古人深以为戒的！"

有人对她说："皇后，您身为天下至富至贵，又何必舍不得这些小东西呢?"马皇后严肃地告诉她："我听说古代后妃，都是富而节俭、贵而勤劳才被史籍称誉的。做人最不应该忘记的就是勤俭，不应仗恃的是富贵。勤俭之心一动摇，灾难就随之而来了。我每想到这些，就不敢忽视这些生活小节。"宫妇们听了，无不叹服；嫔妃们听了，都十分感动，纷纷颂扬马皇后的美德。

历史小链接

　　马皇后，名秀英（1327—1382）安徽宿州人，汉族。明朝开国皇帝朱元璋的结发妻子马秀英是仁慈、善良、俭朴、爱民的一代贤后；敢于在明太祖施行暴政时进行劝谏，保全了许多忠臣良将的性命；她善待后宫嫔妃，不为娘家谋私利。开创了明朝后宫和外戚不干政的风气。

朱元璋勤政俭朴

　　明太祖朱元璋，是中国历史上有雄才大略的杰出皇帝。他与一般封建帝王的不同之处在于讲究节俭。

　　他是濠州钟离乡人（今安徽凤阳）。出生在一个贫农家庭，他放过牛、种过田、做过和尚、要过饭，在民间度过 24 年颠沛流离、饥寒交迫的生活。他投奔红巾军后，凭着自己的战功，从小兵一步步上升为控制半壁江山的吴王，在战场上度过了 16 年出生入死的戎马生活。明朝建立后，他用宽猛结合的手段，重建中央集权的封建专制国家，以休养生息为方针，恢复和发展社会生产。

他不喜欢饮酒，多次发布限制酿酒的命令。他不爱奢华，在营造宫殿时，工程设计者送来图样，他把雕琢考究的部分都减去，他对中书省官员们说："宫殿只要坚固就行了，何必过分华丽。当初尧住的是十分简陋的茅屋土阶，却是历史上有名的好皇帝。后世竞相奢侈，宫殿里有无穷无尽的享乐，欲心一纵，就不可遏止，于是祸乱就产生了。假使做皇帝的能够节俭，那么下面的臣子就不会奢侈。要知珠玉不是宝，真正的宝是节俭，今后一切建筑都要朴素，不准浪费民力。"他命令太监在皇宫墙边种菜，不要建造亭台楼阁。

有一次，司天监把元顺帝亲手制作的水晶自动宫漏（计时器）献给朱元璋，却被朱元璋严厉地训斥了一顿。江西送来陈友谅的镂金床，也遭到了朱元璋的严厉训斥。

为了让儿子得到锻炼，他规定诸子如出城稍远，骑马十分之七，步行十分之三。

朱元璋还带着太子朱标，到农民家去，并告诫太子说："农民勤四体，务五谷，身不离田亩，手不离耒耜（sì），终年勤劳。住的是茅屋，穿的是布衣，吃的是粗粮，国家经费还要从他们身上出。"

朱元璋的俭朴生活，使天下养成勤俭的风气，化民成俗。朝廷内外许多官员都很俭朴。如济宁府知府方克勤在工作中的勤奋严谨和生活上的俭朴，是明初廉吏的典型。他官职不低，月俸 20 石，但自奉简素，不服纨绔，一布袍十年不换；家中房屋坏了，属吏请为之修缮，他说："不要因为我的私事而劳民，自己买苇席障之，蔽风雨而已。"

朱元璋不仅自己以身率先、勤政俭朴，还立法定制，要使富者得以保其富，贫者得以全其生。对贪得无厌、横行不法的豪强地主，采取严刑重法加以打击。这些举措使当时的社会经济得以恢复和发展。

历史小链接

明太祖朱元璋（1328—1398），汉族，明朝开国皇帝。濠州钟离（今安徽凤阳）人。原名朱重八，后取名兴宗。25 岁时参加郭子兴领导的红巾军反抗元朝暴政，龙凤七年（1361年）受封吴国公，十年自称吴王。元至正二十八年（1368年），在基本击破各路农民起义军和扫平元的残余势力后，于南京称帝，国号大明，年号洪武，建立了全国统一的封建政权。朱元璋统治时期被称为"洪武之治"。庙号太祖，谥号开天行道肇纪立极大圣至神仁文义武俊德成功高皇帝。葬于南京明孝陵。

徐九思的"勤、俭、忍"

明朝时期，徐九思上任句容（江苏境内）知县，他治县有方，政绩卓著，这全靠他的三字经——勤、俭、忍。

徐九思常说："俭则不费，勤则不隳，忍则不争，保身与家之道也。"为勉励自己为政清廉、力行勤俭，他在自己的居室内挂着一幅《青菜图》，图旁有两行警句："为父母不可不知此味，为吾赤子不可令有此色。"他无论做什么，都以勤、俭、忍为座右铭。

徐九思的"勤"，除了勤于公务、洁身奉献、为当地人民兴利除弊之外，他还带头勤于生产劳动。在他的县衙里，原有一个园圃，以往的县吏一心剥削百姓，园圃无人经营，早已荒芜。徐九思上任后，亲自率领衙内下属到园圃垦荒，地开垦出来后又种上蔬菜瓜果，饲养了猪羊鸡鸭。园中有个水池，他也对此进行了修整，放养了鱼苗。这样，不仅节约了生活开销，还培养了吏佐们的劳动习惯。

徐九思关于"俭"的事迹更多。当时，句容县的粮簿上有一笔"例金"，这笔钱是专供地方官花用的，九思到任后，毅然革除了这笔例金，他自己自然分文不得了。平日，他的生活俭朴，"生平不嗜肉，唯啖菜"。那时官员不分大小，宴请送礼成风，凡有官员路过此县，或上级官府的属员下县，地方官都滥用公款大肆宴请，重礼接送，造成极大浪费。九思决心刹住这股歪风。一次，上级府中一些属员来到句容县，照例要索取贿赂，但徐九思不予理睬。他们见鱼肉不成，便借酒装疯，谩骂县衙，咆哮公堂，九思毫不退让，令人将他们绑起来用鞭子抽打。这件事被上面府尹得知，很是恼怒，骂九思目中无人，但也无可奈何。自此以后，句容县的贪奢歪风大为收敛，衙内的公费开支有了很多节余，也减轻了人民的负担。徐九思又把省下的钱惠之于民。在句容县西部，有70多里的路面因年久失修而严重损坏，按照惯例这又要增收赋税来修路。但九思没向百姓收缴分文，率人修好了路，整个工程全部是由节约下的公费开支。

徐九思的"忍"，简单说就是对自己不争名、不争利、息事安贫。

徐九思在句容去邪扶正、嫉恶扬善，而且厉行节约、勤政为民，群众很崇敬他，为他建造了"九思祠"。后来，他因得罪严嵩被罢官，在家赋闲余年，仍不改勤俭，他为乡里立义田、兴义学、招抚流民、领头开荒、劝之种植，使当地百姓人人景仰。当他85岁溘然离世时，句容人民纷纷拜伏于"九思祠"前祭祀，这时九思离开句容已经35年了。

历史小链接

徐九思（1495—1580），字子慎，江西贵溪人，为明朝孝宗、五宗、世宗、穆宗、神宗五世臣。一生官职不高，但刚正廉洁，爱民如子。嘉靖十五年（1536年），徐九思年届四十，初任句容县（今属江苏）知县。当时官场积弊难清，贿赂横行，贪风尤盛，欺民的污吏得到姑息，受害的百姓却持冤难鸣。徐公常说："勤则不隳，俭则不费，忍则不争"。"勤、俭、忍"这"三字经"为时人所称道。

海瑞清廉节俭

历史上鼎鼎有名的明朝清官海瑞，耿介忠贞、刚直不阿、不畏权贵，甚至敢于上疏批评皇帝。他在生活上十分俭朴，反对奢侈浪费。他常说："人应正直节俭。正直的人必会节俭，因为正直的人明事理。不节俭就很难正直，奢侈浪费与贪污腐化是很接近的。"

他常对家人说："我的薪俸不高，家中人口又多，一定不可浪费。饭食清淡一些，不要经常买肉。"有一次，因为海瑞的母亲过生日，他家仆人才破例一次买了二斤肉。

作为县令，送礼行贿者大有人在。海瑞一概拒之门外，也严禁下属贪赃枉法。有些好心人见他日子过得节俭清贫，就时常送些蔬菜之类，海瑞发现后都及时退回。他在衙门的空地上开垦了一片菜地，种上了新鲜蔬菜。为了节省开支，他让家人闲暇时都上山砍柴。

1569年海瑞升任右佥都御史、钦差总督粮道巡抚应天十府。这个职务权力很大、地位显赫，每次出巡，按朝廷规定，前有鼓乐引导、后有护卫、左右有旌旗官牌，三班六役、前呼后拥，十分威风。海瑞看不惯这一套劳民伤财的制度，很想废除它。于是，他下令，每次出巡，不再用鼓乐仪仗，也不许当地官员出城迎送。

过去，地方上的官吏常常利用上司巡视，搜刮民财，翻建住房，新建馆所。为了杜绝这种现象，海瑞通知沿途各县，不要改建、新建房屋，也不许添置设备，就连房中用品也不必更换，因陋就简，有住的地方就可以了。

不久，海瑞再次出巡。到了县界，果然没有人迎接，住进驿馆，一切也都如旧时一样，没有添置新设备。海瑞对此感到很高兴。

知县送海瑞来到驿馆的正厅。他习惯地站在堂前打量一下全室，然后坐在椅子上休息。陪同的人也都一一入座，海瑞刚要让县令汇报情况。突然，他觉得椅子有些不对劲，他伸手摸了摸椅子坐垫，心里明白了。他站起身，向卧室走去，一看，卧室里的被褥，还有那椅子的椅垫都换成了崭新的绸面。

海瑞很生气地质问知县："三令五申，你怎么明知故犯。我明明记得那旧的绸面并不破旧，为何更换？"

县令面带愧色，说："下官想……"

海瑞大声呵斥说："想让我住得舒服？想让我高兴？对不对？我不需要！我看到这些并不高兴！"

县令受到训斥，他并不委屈，只感到海瑞清廉刚正名不虚传。他忙说："我立即让人换下，仍恢复原貌。下官一定记住大人的叮嘱。"

　　海瑞（1515—1587），字汝贤，号刚峰，广东琼山（今属海南）人。明朝著名清官。历任知县、州判官、尚书丞、右佥都御史等职。为政清廉，洁身自爱。为人正直刚毅，职位低下时就敢于蔑视权贵，从不谄媚逢迎。一生忠心耿耿，直言敢谏，曾经买好棺材，告别妻子，冒死上疏。海瑞一生清贫，抑制豪强，安抚穷困百姓，打击奸臣污吏，因而深得民众爱戴。他的生平事迹在民间广泛流传，经演义加工后，成为了许多戏曲节目的重要内容。

万民称颂于成龙

清朝康熙年间，有一位久居高位的封疆大吏，他以傲人的政绩和廉洁声蜚朝野，康熙皇帝褒奖他是"清官第一"，百姓们送给他一个外号，叫"于青菜"，以示亲切和景仰，他就是两江总督于成龙。

于成龙早年曾任过罗城（广西北部）县令，当时的罗城，经历了二十多年的兵马之乱，最后只剩六户居民，连县衙门都一片凄凉。县衙院内荒草丛生，中堂仅有三间草房，内宅的茅屋甚至没有墙壁，破陋不堪，有时大白天竟有野兽出没。这里的百姓根本无法生存，苦不堪言；有的沦为"盗贼"。面对这些困难，于成龙没有退却，他用石块垒起"案几"，在堂前支锅做饭，夜里睡觉头枕刀枪，就这样开始了整治边荒的工作。为了制止械斗、劝民务农、恢复生产，他呕心沥血，历尽艰辛，最终罗城人民十分恭敬他，亲热地称他为"阿爷"。

远在边关，于成龙俸禄菲薄，生活清苦。他离开山西老家赴任时，曾雇了五名壮仆相随。不料，到了罗城，壮仆们忍受不了于成龙的艰苦生活，有一人病死了，还有三个人逃走了。后来又雇了四人，结果还是死的死，逃的逃，没有一个人肯跟随他。百姓们见他实心做事，却如此清苦，心中十分不忍，便凑了钱给他送去，他们跪在地上恳求于成龙收下："我们知道阿爷辛苦，请收下这点盐米钱吧。"成龙却说："我一个人在这里，要钱干什么？你们拿回去奉养父母，也就等于给我了。"后来，于成龙的儿子来罗城看望他，百姓听到这个消息，喜出望外，大家凑了不少金银，送给于成龙的儿子，让他带回家去。于成龙又婉言谢绝了，他说："我家离这六千多里，他一个人拿这么多钱，不是太吃力了吗？"百姓们各个感动得热泪盈眶。

于成龙俭朴为官，在朝廷也是出了名的。一次广西秋试，来广西的众官员各个衣冠楚楚，大多数官员还带着面貌清秀的随从，于成龙则与众不同，他还是穿那件旧布长袍，只带了一个老家奴。众官员见了面，相互寒暄，他们对于成龙则有些看不起。这时，广西巡抚走出来，他虽然不认识于成龙，却似曾相识，指着这个敝衣垢褛的于成龙说："此人定是于县令！"原来他对于成龙的廉洁奉公早有耳闻，这次一见，一猜即中，一时弄得众官员面面相觑。

于成龙六十多岁时，被康熙派往福建，先后任按察使、布政使。他虽任两司长官，已是封疆大吏，却不改初衷，依旧口不言财，两袖清风。在他的内室，陈设十分简陋，除了破旧的案几、一个装朝服的竹简、两个饭锅之外，其余全部都是他的文卷书册。

有一年，他任江南江西两江总督时，母亲故去，他回老家料理丧事，办完后又返回江南住所。返回的途中，他只雇了一辆骡车，带了几十文钱，沿途只住饭店不住公馆，也从不惊动路过的地方官府，最后悄然无声地回到江宁。他做官多年，从不带家属随任，只到晚年，才带小儿子在身边照顾。

于成龙多年身居高位，自奉简陋，粗茶淡饭，人人皆知，加上他府中的《青菜图》，因此，江南人送给他一个外号——"于青菜"，在他的影响下，江南民俗有很大改变，过去人们喜欢穿着艳丽的华服，后来，竟上行下效摒弃了绸缎，都以穿布衣为荣。连士大夫家里都不再攀比奢华，自动减少了车马家奴，府邸不那么辉煌了，婚嫁也不再铺张浪费。

于成龙死后，人们在他的遗物中只发现一袭绨袍和几罐盐豉。消息传出后，江南百姓十分哀痛，店铺停业、家家户户挂起他的画像，进行祭奠，康熙皇帝得知他临终前的状况，十分感慨，赐予他封号——清端。

历史小链接

于成龙（1617—1684），字北溟，号于山，清代山西永宁州（今山西省吕梁市方山县北武当镇来堡村）人。谥"清端"赠太子太保。于成龙明崇祯十二年（1639年）举副员，清顺治十八年（1661年）出仕，历任知县、知州、知府、道员、按察使、布政使、巡抚和总督、加兵部尚书、大学士等职。在20余年的官海生涯中，三次被举"卓异"，以卓著的政绩和廉洁刻苦的一生，深得百姓爱戴和康熙帝赞誉，以"天下廉吏第一"蜚声朝野。

龚自珍不做皮袍

　　龚自珍是清朝著名诗人，官至礼部主事，有较高的俸禄。可他却省吃俭用，从不铺张浪费，把省下的钱赠给街坊邻居中极贫困的人家。

　　一天，同僚们坐在一起，说起了北方冬日御寒之事。一位姓刘官员指着自己的裘皮大衣问："你们猜猜看，我这件裘皮大衣值多少钱？"

几个人围了过去，一边细看，一边猜测。那刘姓官员的父亲也是朝廷要员，家中钱财万贯，他是借此在炫耀自己，龚自珍感到十分鄙视。

然而，使他意想不到的是，那刘姓官员竟走到他的面前，挑衅地问："主事大人，请问您的长袍是什么皮的?"

龚自珍衣着朴素，他根本没有什么皮袍子，身上穿的只是件棉袍。

龚自珍哼了一下，说："我不如你呀，我没有皮袍，只有棉袍子。"

那姓刘的哈哈大笑说："不，你说的不对，明明你有皮袍子嘛!"

龚自珍不耐烦了，瞪了他一眼，说："去去，我没有闲心与你扯闲!"

姓刘的说："对对，我不扯闲。我告诉大家吧，龚大人现在正攒钱买皮袍!"

正说着，外边仆人来报告说："有人来找龚大人。"

龚自珍点头说："请他进来。"

不一会儿，进来一个人，穿着十分讲究。他自我介绍道："我是盛锡福衣帽店的老板。我喜欢您的诗，特来拜会，并给您带来一顶几十个商人凑钱买的水獭皮帽子，请您收下。"

龚自珍听了，连连摆手说："感谢厚爱，水獭皮帽子我不能收，我是不穿皮袍子的，更不戴皮帽子。我不怕冷，光头走在路上，头脑清醒，不至于变成糊涂蛋，狂妄自大。"

老板诚恳地说："帽子还是请您收下吧!"

龚自珍坚决地说："我决不会收。穿着好坏，并不能决定人学问的深浅。你们的心意我领了，但帽子请你带回去。"

最后，龚自珍终于谢绝了老板的馈赠。

老板走后，龚自珍对姓刘的同僚说："你看到了吧，我既不想穿皮袍子，也不想戴皮帽子。"龚自珍的话使他感到十分尴尬，灰溜溜地走了。

有一次他的棉鞋破了，眼看就不能穿了。夫人给他钱，想让他买双单鞋。可恰在此时，他的家乡杭州闹了灾害，龚自珍就把钱捐给了家乡。

　　他没有买来鞋，直到五月了，天气已暖，可他脚上仍然穿着那双破了的棉鞋。

历史小链接

　　龚自珍（1792—1841），清代思想家、文学家及改良主义的先驱者。27 岁中举人，38 岁中进士。曾任内阁中书、宗人府主事和礼部主事等官职。主张革除弊政，抵制外国侵略，曾全力支持林则徐禁除鸦片。48 岁辞官南归，次年暴卒于江苏丹阳云阳书院。他的诗文主张"更法""改图"，揭露清统治者的腐朽，洋溢着爱国热情，被柳亚子誉为"三百年来第一流"。著有《定庵文集》，留存文章 300 余篇，诗词近 800 首，今人辑为《龚自珍全集》。著名诗作《己亥杂诗》共 315 首。

近代篇

毛泽东言传身教

　　毛泽东是一位既伟大，又平凡的人。他的一生做出了惊天动地的伟大事业，又始终保持着勤劳俭朴的传统美德。

　　毛泽东六岁的时候就开始下田帮大人干活了。8 岁上学后，每天早晨和放学以后都要放牛、做零活。13 岁到 15 岁时，他停学整天在田间劳动。

　　毛泽东干活不怕苦和累，总是踏踏实实的，从不偷懒取巧。

　　有一次，父亲叫他和弟弟去摘豆。毛泽东选豆子长得密的地方摘，他认真地摘着，用了好长时间才摘了一小块地；弟弟却选豆子稀的地方摘，豆稀，容易摘，所以弟弟比他摘的地块大。父亲看他比弟弟摘的地块小，就夸奖弟弟而责备他。可是当父亲看到他篮子里的豆比弟弟篮子里的豆多时，便拍拍他的肩膀满意地笑了。

　　别人种田锄两遍地，他锄三遍。他平时走到田里，见草就拔，他种的庄稼长得特别好。

　　他还喂牛、喂猪，把牛圈和猪圈打扫得干干净净。为了使牛不长虱子，一有空儿，他就给牛梳毛，他喂的牛和猪从来不生病。

　　他还在山坡上开了一块菜田，种上各种蔬菜，把菜园收拾得整整齐齐，像个小花园。

　　毛泽东从小参加劳动，学会了许多农活，养成了爱劳动的好习惯。

　　毛泽东不仅严格要求自己还教育自己的儿子养成爱劳动的好习惯。

　　他的大儿子毛岸英从莫斯科大学毕业回到延安。一天，他对岸英说:"你在苏联的大学毕业了,但学的只是书本上的知识,你还需要上另一个大学。这个大学中国过去没有,外国也没有,这就是'劳动大学'。在这个大学里可以学到许多书本上学不到的知识。你愿意不愿意呀?"

"很愿意!"岸英爽快地答应。上劳动大学的事就这样决定了。

周围的同志感到很奇怪,因为他们从来没有听说过还有一所"劳动大学"。

岸英解释说:"爸爸让我到农村去学习,自带行李、口粮和种子,从开荒一直到收割完才回来。"

不几天,岸英背起被子、小米和菜籽儿出发了。临走时,毛泽东把自己带补丁的一套灰布衣服给他穿上,还一再嘱咐他要和农民同吃、同住、同劳动,虚心向农民学习。

岸英到农村后,身穿灰布衣服、头扎白羊肚毛巾,脸晒得黑黑的,手上起了厚茧。在农民的关怀和帮助下,他很快就学会了刨地、点种、施肥、犁地等农活,还了解了农村的许多情况,同农民们建立起了深厚的感情。

一个勤劳的人,同时一定具备节俭的好品德。毛泽东同志就是这样的人。无论是在战争年代,还是在和平时期,他都是勤劳节俭的楷模。

在井冈山的岁月中,他和普通红军战士一样,每天吃的是南瓜和红米,有时红米也吃不上,只能吃南瓜;每人每天只有五分大洋的油盐菜钱,有时连油盐都吃不上。冬天,他和战士一个样,穿着两层单衣,领导着革命军队,战胜了无数困难,扩大了革命根据地。

美国记者斯诺这样评价他:"做了十年红军领袖,千百次地没收了地主、官僚和税吏的财产,他所有的财物仍然只是一卷铺盖、几件随身衣服。"

新中国成立后,身居领袖地位的毛泽东,在日理万机的日子里,始终保持着极俭朴的生活。他平时吃饭,多数是两菜一汤,一碗大米小米蒸在一起的二米饭,有时是一碗面条,或者烤几块芋头。很多时候只是用搪瓷缸子在电炉上烧一缸面片粥，就着豆腐乳喝下去。

1959—1961年，我国发生了严重的自然灾害。毛泽东告诉他身边的工作人员说："我不吃猪肉和鸡了，猪肉和鸡要出口换机器。我看有米饭，有青菜，有盐有油就可以了。"从那以后，他六七个月不肯吃一口肉，青黄不接的季节，20多天不吃一粒粮，常常是一盘子马齿苋（一种野菜）便成了一餐饭，一盘子菠菜便能支撑着一天的工作。时间一长，就得了浮肿病。周恩来一次次劝他："主席，吃口猪肉吧，为全党全国人民吃一口吧！"毛泽东摇摇头。工作人员看到他那粗简的伙食，却要没日没夜地日理万机，都非常心疼，便一起对毛泽东说："我们每人省下一点，也要让您吃得好一点。"毛泽东却无限感慨地对大家说："这也不行啊，全国老百姓都是这样，我一个人吃了不舒服啊！"

毛泽东同志在穿着上十分俭朴。在中南海的毛泽东故居里，陈列着两样引人注目的东西：两件睡衣和一双拖鞋。

两件睡衣，毛泽东已经穿了好多年了。开线了，缝一缝再穿；破了，就用布补上，也不知缝补了多少次了。

一次，工作人员在毛泽东休息时，给他换了一件新睡衣。起床穿衣服时，他发现睡衣被换了，就让身边的工作人员快给他找回来那件旧睡衣。工作人员只好赶紧把换走的旧睡衣又拿了回来。

这两件睡衣，他一直穿到逝世。工作人员数了数上面的补丁：一件上有67块，另一件上有59块。

毛泽东的拖鞋也已经穿了好多年，鞋底磨了个洞，鞋面也开线了。工作人员几次要扔，毛泽东总是不让，说："修一修还可以穿。"工作人员只好拿到外面去修。修鞋的师傅看了说："都坏成这个样子了，还怎么修啊！"

尽管这样，毛泽东还是不让扔。工作人员只好自己用针线缝一缝，再摆在毛泽东的床下。

在他的教育下，毛岸英和刘松林的婚事办得十分俭朴。事前，岸英向毛泽东同志报告，准备简单举行婚礼，不买任何东西。毛泽东听了十分高兴，说："不花钱办喜事，是喜上加喜，浪费可耻，节约可喜，应该发扬这种精神。"毛泽东又说:"结婚是你们一辈子的大事,我再忙也不能无动于衷,我请你们吃顿饭吧。"那天,正好中央常委们要在毛泽东同志那里开会,于是就参加了他们的婚礼。这天来的客人中,有周总理和邓颖超同志、朱总司令和康克清同志等。康克清同志送给他们一对湘绣枕套,王光美同志送给松林一件睡衣。对这些结婚礼物,当时岸英都不让用,要松林珍藏起来,留作纪念。松林至今还保存着。吃饭时,毛泽东同志高兴地说,今天的饭菜是岸英张罗的,好就表扬、不好就批评他。毛泽东还亲切地向松林的母亲敬了酒,饭后,毛泽东拿出一件礼物送给他们。这是一件黑色的夹大衣,是 1945 年去重庆谈判时穿的。毛泽东充满感情地说:"你们结婚我很高兴,但我没有东西送给你们,把这件大衣送给你们吧。"

历史小链接

毛泽东(1893—1976),字润之(原作咏芝,后改润芝),笔名子任。湖南湘潭人。中国革命家、战略家、理论家和诗人,中国共产党、中国人民解放军和中华人民共和国的主要缔造者和领袖,毛泽东思想的主要创立者。从 1949 年到 1976 年,毛泽东是中华人民共和国的最高领导人。他对马克思列宁主义的发展、军事理论的贡献以及对共产党的理论贡献被称为毛泽东思想。毛泽东担任过的主要职务几乎全部称为"主席",所以被尊称为毛主席。毛泽东被视为现代世界历史中最重要的人物之一,《时代》杂志将他评为 20 世纪最具影响 100 人之一。

周总理的勤俭生活

　　周恩来总理生活简朴，在长征时期、抗战期间是这样，解放后依然如此。

　　长征途中，在毛儿盖，警卫员把两件单衣中间放上羊毛，做成了一件毛夹袄。周恩来穿着它走过草地，完成了长征，一直走到陕北，其中无数次坏了缝，破了补，就是不肯换一换。

　　周恩来总理，在抗战期间是党中央军委副主席。国共两党合作时，兼任国民党政府中的副部长职务。按照规定，每个月他会得到几百元的薪水，可是，他在武汉和重庆时把这笔薪水全部交了党费，自己同办事处的工作人员一样，只领5元钱的津贴费。在武汉、重庆八路军办事处工作时，周副主席的办公室，只有一张办公桌、一张木床、一个书架和一个脸盆架。他的衣着也是那样俭朴。从延安到西安，从太原到武汉，他为党的事业转战南北，东奔西走，从来没有考虑过自己的衣食。他身上穿的一条旧呢子裤，在太原时就磨破了，可他一直舍不得换新的。到武汉时，同志们几次提出给他换条新的，他总是说："补一补还可以穿嘛！"还有，周副主席从来都是和办事处的同志们一样吃大灶，没有一点儿与众不同。就是这种普通饭菜也经常两餐合做一餐吃，工作一忙起来经常顾不上吃饭。同志们眼看周副主席身体消瘦了、眼睛熬红了，心里都很难过。可是，周副主席总是以苦为乐，以苦为荣。

　　解放后，周恩来依然那么节俭。他唯一的一套睡衣，还是他于1950年访问苏联时买的。睡衣的颜色褪了，并补了补丁，还是舍不得换掉，他一直穿着，直到他去世。

　　周恩来的日常生活更是节俭。洗脸毛巾彻底用坏后，就把它用作洗脚毛巾。当磨得太光滑，不再适合作毛巾时，就用作擦鞋布。

周恩来身为总理，除了绝对必要的开支外，从不随便花国家一分钱。

一个星期天，他到一家照相馆去照出国用的照片，他要两张单独的发票，一张给机关，一张留给自己，因为有几张照片是自己私用的。

有一次，到庐山参加正式会议，他发现他住的房间临走廊一面的窗户没有窗帘遮挡，就掏自己的腰包买了一幅窗帘挂上。

周恩来总理刚搬进中南海时，他的新居年久失修，墙壁焦黑，柱子已破裂，地面潮湿，窗户有许多洞，他和邓颖超在寒冬就用报纸把洞堵起来。

建筑和装修工人建议他修缮一下，他总是拒绝，所以他身边的工作人员只好趁他出国的时候，对他的房屋作了装修。当他回来时，看到他不在时挂上的新窗帘，当即命令工作人员把破旧的窗帘重新挂上。邻近的车库里横梁坏了，周恩来也不让换，他说："在中国现在的贫穷状况下，应更好地把资源用在其他方面，如果好好支撑一下，这根梁一定还可以用几年。"

周恩来在外交部工作时的一个小厅通风不良。专家们建议需要更换屋顶。周恩来听到此事后问道："谁叫干的？这间屋子比我们在延安住的窑洞好多了，只要我当总理，你们就不许改变这个小厅。"

周总理的办公室在中南海的西花厅，这里过去是清朝最后一位摄政王载沣官邸的一部分。辛亥革命后，军阀袁世凯和段祺瑞都用过这个地方。1949年全国解放时，这座院落已经很破旧了，只是稍加修整便做了总理办公室。到1974年周恩来因病住院之前，他的大部分时间都是在这里度过的。

他的办公室中几乎没有什么装饰物，只有一尊毛泽东的半身塑像，靠墙摆满了书柜。他的写字台很宽大，但是看上去已经相当旧了。三张方桌连接成一张会议桌，还有几把椅子。1972年毛主席送给他一张沙发椅，因为当时他已患病又拒绝进医院。毛主席想，这张沙发椅可以帮助周总理消除长时间工作的疲劳。除此之外，这个办公室二十几年几乎没有增添什么设备。

为庆祝中华人民共和国成立十周年，国家计划兴建"十大建筑"。当时送到周总理处审批时，他坚决从计划中划去一项工程——兴建国务院办公大楼。虽然当时确实有必要建国务院的办公大楼，但是，总理态度坚决，他对习仲勋和各位副总理说，只要他当总理，就不允许建造这样的办公大楼。

周恩来对自己、对国家历来都是那么节约俭省，从不摆阔气、讲排场，给人们留下了朴素而伟大的革命领袖形象。

历史小链接

周恩来（1898—1976），字翔宇，曾用名伍豪等，原籍浙江绍兴，生于江苏淮安。伟大的马克思列宁主义者，中国无产阶级革命家、政治家、军事家、外交家，中国共产党和中华人民共和国的主要领导人，中国人民解放军主要创建人和领导人。他是以毛泽东同志为核心的党的第一代中央领导集体的重要成员，在国际上也享有很高的威望。周恩来同志的卓著功勋、崇高品德、光辉人格，深深铭记在全国各族人民心中。

邓颖超自备行李

1985 年 10 月，全国政协主席邓颖超来到湖北省宜昌视察，住在桃花岭饭店。

邓颖超到宾馆刚坐下休息，宾馆服务员就同邓颖超的随行人员一起收拾物品。在收拾的过程中，服务员发现一个木箱里装有 4 个白色透明的塑料袋，里面分别装着绿豆、玉米面、小米等杂粮。服务员惊奇地问随行人员："邓奶奶随身带这些粗粮、杂粮，干什么用呢？"随行人员见服务员那惊奇的神情，忙说："邓奶奶特别喜欢这些五谷杂粮呀。"这时，服务员才恍然大悟。

不一会儿，服务员同志为邓颖超铺床。这时她又惊奇地发现：邓颖超自备了一套行李，陈旧得已看不出原来的颜色了。那床单有两处已经磨破后又打了补丁，枕巾是棉布的，漱口杯子上的搪瓷脱落了许多……所有这些，与铺着猩红色的地毯、海绵沙发式的床铺、崭新的缎子被面的高级宾馆相比，显得多么的不协调啊！

"邓奶奶为什么不换换？"服务员瞪着一双好奇的大眼睛问随行人员。工作人员沉默片刻之后回答道："邓奶奶对这些用了多年的东西舍不得丢啊！"

是呀，艰苦朴素的传统怎么能舍得丢呢？邓颖超同周总理几十年来生活都非常俭朴。总理直到逝世前穿的一件内衣，还是 1961 年邓颖超给买的。20 多年里，这件内衣的衣领、袖口洗得发了白，周总理还舍不得换掉，邓颖超就一针一线地缝了又缝、补了又补。这针针线线都凝聚着邓颖超的心血和深厚、真挚的情感。

历史小链接

邓颖超（1904—1992）同志是伟大的无产阶级革命家、政治家，著名社会活动家，坚定的马克思主义者，党和国家的卓越领导人，中国妇女运动的先驱。她在70多年的革命生涯中，为中国革命、建设和改革事业毫无保留地奉献了自己的一切。她是20世纪中国妇女的杰出代表，也是中国妇女的骄傲，在国内外享有崇高声誉，深受全党和全国人民的尊敬和爱戴。

勤劳节俭的朱德

一位访问过朱德同志的外国记者写道："他，举世闻名的朱总司令，就像一个中国的普通农民。"朱德总司令出生在贫苦的农民家庭，从小养成了勤劳节俭的好习惯；当上总司令以后，劳动人民的本色仍没有变，从战争年代到革命胜利，他始终与人民群众同甘共苦、同舟共济，在红军队伍和人民群众中传颂着许许多多关于他艰苦奋斗的感人故事……

吃大锅饭

在井冈山斗争的艰苦岁月里，朱德同志生活很俭朴。他穿的是布单衣，吃的是红米饭，每天的菜金只有两角钱，粮食困难的时候，他就和战士们一起上山挖野菜，不管怎样苦，他都和战士吃同一锅饭，喝同一锅汤。

一次，朱德同志挑粮路过宁冈的砻市，要在那里吃饭。砻市是毛泽东同志和朱德同志会师的地方，已经建立了苏维埃政府。群众听说朱军长要来，特别高兴，纷纷往政府食堂送大米、送鸡蛋。老炊事员也准备打破惯例给军长慰劳一下。这事不知怎的被朱德同志知道了，他顾不得挑粮的劳累，没来得及休息就来到伙房。一进门，果然看见锅台上放着鸡蛋，他开玩笑似的问："老同志，今天做什么好吃的？"

老炊事员高兴地回答："红米饭炒辣椒。"

"好啊，那鸡蛋是为谁准备的呀？"

老炊事员迟疑了一下，说："军长，您挑粮辛苦……"

朱德同志说："挑粮谁不辛苦，大家都是一样辛苦的嘛！"

"军长，吃两个鸡蛋也不是什么出格的事。"

朱德同志听后笑了笑说："我吃惯了大锅饭，和大家吃红米饭炒辣椒不是很好吗？红米饭比白米饭营养价值高，吃了长劲。你看，国民党军队吃白米白面，还不是叫我们这些吃红米饭的打得屁滚尿流吗？"

开饭的时间到了，朱军长和战士们围坐在一起，吃着红米饭炒辣椒，越吃越香甜。

那时候，红军战士最爱唱的一首歌就是：

> 红米饭，南瓜汤，
>
> 秋茄子，味好香，
>
> 餐餐吃得精打光……

这首歌就是朱德同志与红军战士在井冈山艰苦生活的真实写照。

一套旧棉衣

抗日战争中，在战士中流传着"一套旧棉衣"的故事。那是 1935 年，在陕北时，朱总司令和战士们一样领了一套新棉衣。按照规定，棉衣三年换一次，可他的那套一穿就是六年，直到 1941 年也没换过。警卫员见他的棉衣早已褪了色，还打了几处补丁，几次要给他换套新的，他总是说，艰苦朴素是劳动人民的本色，衣服破点没什么，补好就是了。

到了第七个年头，警卫员想了个办法，打算偷偷把总司令的棉衣拿去换新的，等他问起，就说拿去拆洗时，因为实在破得不能做了，只好换新的。不料，第二天，还没等衣服送走，总司令就把警卫员叫来，问道："我的棉衣呢？"

"棉衣拿去拆洗了，过两天就可以拿回来。"警卫员回答说。

"拆洗？我的棉衣还干净，用不着拆洗嘛，破的地方补补就可以了。"

就这样，换新棉衣的计划落空了。直到 1945 年，人们看到，总司令还是穿着那套已经补了三层补丁的旧棉衣，这时，已经是第十个年头了。

挑粮比赛

朱总司令从小就参加劳动，放牛、打柴、挑水、割草，样样干得精。参加革命后，他仍以勤立身，井冈山、南泥湾、十三陵……到处都留下了总司令挑粮运土、担水种菜的足迹。

1928 年，担任军长的朱德同志率领战士们到古城挑粮。他总是穿一身灰布军装、背着斗笠、扎着腰带、打着绑腿、蹬着草鞋、挑着粮担，大步地走在队伍当中。战士们怕他吃不消，几次把他的扁担藏起来，不让他挑粮，可他说什么也不同意，后来干脆在扁担上刻上"朱德记"三个字，再也没有人拿他的扁担了。

一天早晨，朱军长和往常一样，拿着刻有"朱德记"的扁担，精神抖擞地向古城出发。到了古城，朱军长抢先装粮，他不但装满了两个箩筐，而且拿出了事先准备好的两个口袋，又装了两只口袋放在箩筐上面。这时，几个战士走上前去，想把那两只口袋拿下来，却被朱德同志拦住了。他不由分说，挑起担子就去过秤，一称整整一百二十四斤。

从古城到茨坪，往返一百多里，无法当天去当天回，要在路上歇一宿。晚上，战士们酝酿着如何减轻军长的粮担，决定天一亮就找军长提"抗议"。第二天一早，几个战士来到军长跟前，还不等他们"抗议"，朱军长倒先向战士们提出要比赛。说着，他依然挑起沉重的粮担，大步朝前走去。战士们各个感动不已，要是不认识的人，谁能想象到，这个挑一百多斤担子的人，就是红军的军长呢？

中午时分，挑粮队开始爬山了。这时，两个战士跑到军长面前，冷不防，他们把箩筐上的两只口袋提起来就跑，边跑边说："军长，是您'逼'得我们采取武力行动的。"周围的同志都哈哈大笑起来，朱德同志也笑了："这小鬼……"

黄洋界地势险要，一面是高山，一面是万丈深渊，路窄坡陡，就是空手往上爬，也要累得喘不过气来。挑粮队一步一个石阶地往上爬，走几十米就得歇一会儿。经过四个多小时的艰苦路程，终于爬上了海拔一千五百米的黄洋界最高峰。先到的同志刚放下担子，准备下山去接朱军长，只见朱军长迈着坚定的步子上来了。顿时，战士们又喊又跳，齐声高呼起来："朱军长真是革命老英雄"。

战士们看着军长满脸的汗水，湿透的军装，压弯的粮担，不知说什么好。这时，一个战士带了头，大家齐声唱起来：

> 同志哥，扁担闪闪亮，
>
> 挑粮上山冈。
>
> 毛委员带兵在井冈绘蓝图，
>
> 朱军长带兵下山去挑粮；
>
> 同志哥，井冈兵强马又壮，
>
> 粮食充足装满仓……

这歌声，在山谷中回响，在战士们心中激荡……

历史小链接

朱德（1886—1976），字玉阶，原名朱代珍，曾用名朱建德，伟大的马克思主义者，无产阶级革命家、政治家和军事家，中国共产党、中国人民解放军和中华人民共和国的主要缔造者和领导人之一。中华人民共和国十大元帅之首。

刘少奇的"开口"鞋

作为老一辈无产阶级革命家，新中国党的国家主席，刘少奇在生活上，无论是战争年代还是解放以后，始终保持着艰苦朴素、勤劳节俭的作风。

刘少奇在新四军担任政委的时候，不仅十分注意做战士们的思想政治工作，还特别关心他们的生活情况，经常到战士中间问寒问暖。他还十分注意军队同当地人民群众的关系，经常到老百姓家里访贫问苦。在前线、在军营、在大街小巷、在老百姓家里……处处都留下了刘少奇的脚印。每当人们看到他的鞋时，无不赞叹他的朴素。

刘少奇穿的那双布鞋，鞋面上打了几处补丁，鞋底前部已经磨漏了，有时能看到脚趾头，但他却不肯领新鞋，依然毫不在意地穿着它。

有时同志们见了，不由地说："政委，别先想着我们，也要关心自己嘛，这狮子口鞋早该换换了。"刘少奇笑笑说："这双鞋跟我从陕北到这里，可以说劳苦功高嘛，有点舍不得丢，我补不了鞋，有机会让鞋匠补一补，还可以穿嘛！"

在一次会议上，刘少奇坐得久了，把一条腿翘在另一条腿上，结果被陈毅军长看到了露出来的脚趾头。陈毅军长暗笑了起来，嘴上没说什么，心里却拿定了主意。

这一天，陈毅军长拎着一双新鞋，指着刘少奇鞋上的狮子口，用他那标准的四川口音笑着说："你这是啥子鞋，成了特制的了，该进博物馆了呀！"刘少奇低头看了看，不禁也笑了起来，说："打了多年交道，老交情了！"陈毅把新鞋往刘少奇面前一放说："来，换双新的。"刘少奇急忙推辞，陈毅佯装严肃地说："我是军长，现在我就以军长的身份命令你，请你立即换上这双新鞋。"刘少奇还是微笑着说道："你当军长开口就是命令，做思想工作一点耐心都没有，我不服气。"说着，两人哈哈大笑起来。突然，陈毅指着刘少奇的鞋说："你看，它也张大了嘴巴在笑哪！"两个人笑得更厉害了。

建国初期，国家经济非常困难。一年冬天，刘少奇同志离京去开会。王光美给女儿刘爱琴织了件毛衣，可是还没有毛裤。于是，二十多岁的爱琴就悄悄地对父亲身边的工作人员说："给我买一身绒衣绒裤吧。"工作人员很快就买回来了。刘少奇同志回来知道后，把女儿叫到跟前。

刘少奇问："你不是有毛衣吗？"

女儿不吱声，心想：不就是买了一身绒衣嘛，有什么了不起的？

可刘少奇却很认真地说："你花的钱，是人民的钱。你知道我并没有钱，我花的钱都是人民给的。自己已经有了的，尽量不去花人民的钱。现在人民还很穷。"

刘少奇同志平时很珍惜粮食，吃剩的饭菜从来不让倒掉，要留着下顿热一热再吃，所以他常常吃剩饭。还是年轻的时候，他就得了胃病，领导安源工人罢工的时候多次吐血。解放后，他胃病时常发作，工作人员为他的身体着想，不让他吃剩饭，他就恳切地说："农民种出点粮食不容易，须知盘中餐，粒粒皆辛苦啊！"

刘少奇从来没有几件像样的衣服，在家常穿一件深黑色或深灰色的外衣，他有一套礼服，穿了将近二十年，接见外宾或出席重要会议时穿一下，回来就脱了叠起来。一件毛哗叽大衣，也穿了十多年。工作人员考虑到他是国家的重要领导人，见他的衣服太旧了，准备给他添置一件新的，但是说破了嘴也得不到他的同意。一件衬衣他穿了好几年，袖口和领子都磨破了，同志们建议他买件新的，他说："换上个领子，补一下袖口，还可以穿嘛，丢掉可惜了！"同志们只好听从他的意见。

刘少奇同志常说，人在生活方面要知足，现在生活比大革命和战争年代不知好上了多少倍。这倒是真的，1922年9月安源工人大罢工时，他这个堂堂的工人运动领袖，每月只有十五元薪水，有时穷得连买烟的钱都没有，他就把烟头捡拢来，剥开卷起再抽。那时，他有一件蓝竹布长衫算是上等"礼服"，外出时穿上，回来马上换上平日穿的老农式大青布便服。冬天穿得更寒酸，一件长得拖地的老式旧大衣，袖子很宽，像唱戏的旧"龙袍"。戴的是一顶灰黄色的礼帽，旁边还有一个洞。冬天有一条黑围巾，平时舍不得用。皮鞋也很破旧，后跟底磨去了半边。穿的一双土布袜子，袜底没有了，光有袜筒。

比起那时候来，少奇同志的穿着当然有改善，可是艰苦朴素的传统在他身上却一直保留着。他有一条咖啡底夹有素花的毛围巾，自从进城以后，年年冬天都用它，直到文化大革命前夕，已经很破了，还在用着。他常戴的一顶草帽，用了多年，变成了黄色，还长了许多褐色的斑点，边上的线也断了。1958 年秋天下乡时，工作人员想给他换顶新的，却被他拒绝了。当工人和农民看到自己的领袖戴着一顶旧草帽、穿着一身朴素的布衣服时，感动地说："刘委员长是艰苦朴素的模范，真是我们人民的好领袖！"

历史小链接

刘少奇同志是伟大的马克思主义者，伟大的无产阶级革命家、政治家、理论家，党和国家主要领导人之一，中华人民共和国开国元勋，是以毛泽东同志为核心的党的第一代中央领导集体的重要成员。刘少奇同志的光辉业绩、崇高风范、高尚品德，永远闪耀着光芒。

陈毅的家风

解放后，陈毅同志担任了上海市市长，在他戎马倥偬的战斗生涯中，很难与妻儿团聚，此时，他似乎应该好好照顾一下他们，让他们过上优裕的生活。然而，陈毅同志惦念的是上海百万人民，他没有营建自己的安乐窝，相反，他对子女的要求更加严格，立下了生活节俭、不搞特殊化的家风。

陈毅同志的四个孩子各个穿的是布衣裤，总是大的穿完小的穿，一件衣服像接力棒一样，一个一个往下传，旧了拆拆、破了补补、短了接接。有一年冬天，大儿子昊苏穿过的衣服轮到了老三小鲁，衣服上早就打上几块补丁了。临近过年，有位负责同志找到陈毅同志的秘书小陈说，陈市长的孩子总是穿得这么破旧，该换换了。小陈知道陈毅市长的脾气，便去找张茜。张茜更了解陈毅，她笑了笑，说："你还是去跟'501'（陈毅战争时期的代号）说吧。"后来，生活管理员老唐自作主张，给小鲁买了一件带拉链的灯芯绒夹克衫。陈毅同志知道后，批评说："我们不该买这么好的衣服，国家还不富裕，我们家的生活要和群众一样。"

陈毅这样要求孩子，也这样对待自己。他有一件黄色线呢中山装，从抗日战争穿到解放战争，从山东战场穿到繁华的大上海，天长日久，已磨出了小洞。老唐几次要给他换件新的，他坚持不换，要是坏了也只是让老唐拿去织补一下，再接着穿。

为了防止孩子们沾染特权思想和养成纨绔子弟的坏作风，陈毅同志不允许他的孩子受特殊照顾，当时，在少数高级干部中，开始滋长用小汽车接送孩子上学的风气。陈毅同志对此坚决反对，即使三九严寒，雨雪交加，也不许司机用小汽车接孩子。在他的家里，不仅孩子不能使用汽车，就是参加过抗日战争的"三八式"老干部张茜同志也自觉遵守制度，乘坐公共汽车上下班。

上海解放初期，市内有普通公立中小学，也有私立学校，后来又建立了干部子弟学校。陈毅同志把几个孩子都送进了私立学校，目的是不让学校知道他们是"陈市长的孩子"，不给特殊照顾。每个孩子入学时，都由工作人员代替陈毅同志出面，以"家长"的身份办理手续。就这样，他的几个孩子都和工农子弟一样，学习刻苦、遵守纪律、生活朴素，老师和同学真的不知道他们是市长的孩子。

陈毅的儿子上大学的时候，陈毅写了一首《示儿诗》，诗中写道："汝是党之子，革命是吾风，汝是无产者，勤俭是吾宗。汝要学马列，政治多用功。汝要学技术，专业应精通。勿学纨绔儿，变成白痴聋……试看大风雪，独立有青松。又看耐严寒，篱边长忍冬。千锤百炼后，方见思想红。"

陈毅的家风就是这样：物质生活俭朴，精神生活丰富，思想境界高尚。这种良好的家风永远是后来人的一面镜子。

历史小链接

陈毅（1901—1972），名世俊，字仲弘，四川乐至人，中国共产党的优秀党员，久经考验的忠诚的共产主义战士，伟大的无产阶级革命家、政治家、军事家、外交家、诗人，中国人民解放军的创建者和领导者之一，中华人民共和国元帅（十大元帅之一），党和国家的卓越领导人。新中国第一任上海市市长。

"小气"的彭老总

革命战争年代，担任红军三军团总指挥的彭德怀同志，从穿戴上看，跟普通战士一个样——头戴一顶灰布篾帽檐的旧红军帽，身穿一套灰布衣服，裤子上还打了两个补丁，脚上是一双麻草鞋。

有一次，管理科长刘浩同志看到他的衣服已经破旧不堪，便送来一套新的。彭德怀忙问："送这个来作什么？"刘浩说："你的衣服破了，该换一套新的了。"彭德怀一听，立刻严肃地说："我们是革命红军，处处都应当首先想到老百姓，现在革命还没有成功，老百姓的生活很苦，我的衣服还可以穿，快把这套拿回去！"刘浩红着脸，二话没说就退了出来。

他穿的是这样朴素，吃的也是和战士一样，每月三四元伙食费。那时，革命根据地被国民党军队包围、封锁，根据地内缺少盐吃，彭德怀同志和大家一样，有盐同咸、无盐同淡。供给部本来有个规定，每月另外补贴他三四元的伙食费，可是他却坚决不要。因此，他身边的公务员只好自己凑钱给他办点好菜，而他吃的时候总要先问问："哪儿来的钱？"如果说是公务员凑钱买的，他还吃一点，如果知道是公家补贴的，他就要批评你。

有时，公务员看彭德怀同志整天这样劳神，想让他吃点好东西补养补养身体。一天，公务员拿他的零用钱买了一只鸡，炒好端到彭德怀面前，他又问："哪儿来的钱？"告诉他是上面发给他的零用钱，他笑了，说："如果是公家特别开支可不行。"说着，他又让公务员去请邓参谋长（邓小平同志）等同志一块来吃。吃的时候，他夹了一块肉往嘴里一送，极口赞赏，但又很遗憾地说："鸡子炒得是好！要是多放点水，煮些汤就更好了，这样全参谋处的同志都可以来喝点鲜鸡汤！"

新中国成立后，彭德怀担任国防部部长，他仍然保持着节俭朴素的作风。

有一年，彭德怀出国访问，每到一个国家，大使馆都按国家规定给代表团每一个成员发一些钱，供他们在商店里买一些东西。发给彭总的钱更多些，因为他是代表团团长，他却看都不看一眼，说："退给人家，我们不买什么。"

在德意志民主共和国，当他的警卫参谋景希珍把发给彭老总的一叠崭新的马克送回大使馆以前，提出给他的一个已经参加工作的侄女买块表。他想了想，说："好吧，弄个最便宜的，能看个时辰就行了。"景希珍想，反正这些钱要交，还是买块好看些的，贵点也无所谓。把表买回来给他看，他还满意，但一看发票，眉头皱起来了，连说："太贵了，太贵了！这合人民币多少钱？小孩子戴这个，用不着。"他非叫景希珍去换不可。景希珍咬定这是最便宜的。因为很快要离开，他也没法，但是嘟哝了好几次："这肯定不是最便宜的！你捣了鬼！"其实，这块表钱还不到他送还的那一摞钱的百分之一。

这类事情的例子还很多。每顿饭剩下的菜，他规定不能倒掉，下顿热热再给他吃。说来谁也难以相信，我们这样一个大国家的副总理兼国防部长，穿在里头的衬衣好多是打了补丁的。有些衣服、袜子实在不能再补了，他身边的工作人员也不敢扔掉，因为他说不定到什么时候记起了就要查问：我那一件衣服，怎么不见了？因此，每当处理破烂，只得拿去给他过目，然后决定去留。

彭德怀到西南之前，警卫人员未经他的同意，把他穿了十几年的一双烂皮鞋扔掉了，他念叨了好久："那双皮鞋很可惜，我穿着最合脚的……"

他对自己就是这样"小气"、这样节俭，可是，他对服务员、来修房子的工人、探家归来的战士，乃至路上、车上随便遇到的什么人，都很关心、很大方，经常询问人家生活上有什么困难，经常送钱给人家。经过他的警卫参谋的手送出去的钱，连回数都记不清了。

从朝鲜战场回来后，他就一直用一部旧式的汽车。后来，有关部门叫他去换一辆最新式的，他拒绝说："这辆还能用，换什么？"警卫人员跟他讲了新车的优点，他说："世界上好东西多着呢，总不能见到什么好就搞过来嘛。"他屋里的家具，只要他认为"挺好"，就别想给他换新的。有一次，警卫人员提出窗帘布旧了，换一下吧！他说："旧了？老百姓用这样的布做衣服，还不知穿多少年哩！"

有一段时间，彭老总住在北京郊区的吴家花园。秋末，彭总自己拿出旧棉衣，坐在廊檐下，一边晒着太阳，一边一针一针地缝补这件旧棉衣。警卫员景希珍看到了，忙说："彭总，你眼花手笨的，还是我来吧。"彭总却说："你呀，未必有我这两下子。"

景希珍接过棉衣一看，针脚整齐均匀，横是横、竖是竖的，补得真是不错。彭总有些得意地说："来提点建议吧。"警卫员说："没想到，总司令针线活也做得这么好。"于是，彭总给警卫员讲了自己的身世。他童年丧母，家里很穷，他不但要给人家当苦工，还要照管两个弟弟。他说："那时候，什么活没干过，什么苦没吃过？"言外之意，缝缝补补就更不在话下了。

这身棉衣自抗美援朝后，因为工作需要被闲置了一些年。彭总从庐山回来后，就又穿上了它，伴着他在吴家花园度过了六十个寒冬。后来又穿着它到了西南，一直到"文化大革命"，他仍然穿着这件旧棉衣。

彭总还是位劳动的好手。住在吴家花园时，他要警卫员办的第一件事就是去买些锄头、锹镐之类的小农具。每天，天刚刚亮，他就起来翻地、种庄稼。用他自己的话说，就是"锄头一拿，有穿有吃"。

他在院子里开了许多块"荒"，种上了各种各样的蔬菜瓜果，还组织警卫人员把原有的小水塘挖深挖宽了，种上了藕，养上了鱼；并且买了小猪、小鸡和小鸭，分给大家饲养；花树砍倒了，满院栽上了果树。这些农事上的开支，都是他自己掏钱，但所有的收获却又归大家所有。

彭总还在水塘旁边开了一分地，这是他的"试验田"。在这块地上，彭总付出的劳动最多。这块地很平整，土质也好。在他的精心种植下，翻地、平地、施肥、浇水、锄草……到春后庄稼长得绿油油的。快收获的时候，彭总整天在地边守护着，不让麻雀儿去偷嘴，最后真正做到了颗粒归"筐"。

历史小链接

彭德怀（1898—1974），原名得华，号石穿，湖南省湘潭县人，中华人民共和国十大元帅之一。他是德高望重的老一辈无产阶级革命家、军事家和政治家，是中国共产党、中华人民共和国与中国人民解放军的卓越领导人之一；他把毕生的精力献给了中国人民的解放事业和社会主义国防及建设事业，建立了不朽的历史功勋；他有着坚定的共产主义信念和坚强的党性原则，始终保持坦荡的革命胸怀，保持艰苦奋斗的作风；他极其关心人民群众的疾苦，始终保持劳动人民的本色，一直受到全党、全军和全国各族人民的无限尊敬、爱戴和怀念。

董必武不搞特殊化

董必武是辛亥革命的参加者，也是创立中国共产党、建立中华人民共和国的元勋。他曾经先后担任过中共中央政治局常委、全国人民代表大会常务委员会副委员长、中华人民共和国代理主席。作为一位革命的先驱者、一位伟大的无产阶级革命家，在家庭生活中的他也是一位勤俭朴素、以身作则、重视培养孩子勤劳节俭品质的好父亲。

董必武一直保持着艰苦朴素的作风。他喜爱书法，但练字从来舍不得用白纸，总是在旧报纸上练大楷，大楷中间写中楷，中楷缝中写小楷……一次，他和女儿楚青在院子里散步，发现一棵桃树干上凝聚着一块块的树胶，他就立刻动手把它刮下来包好，留着回去自己动手粘毛笔的笔头！就是一条毛巾，董必武也要用上一年半载，旧了擦手，破了从中间剪开两头接上再擦脚用。

董必武的生活是十分俭朴的，特别是对饮食，他从来不讲究。

早年，董必武在湖北住的时候，一到吃饭的时候就想吃家乡的泡酸豇豆和臭豆腐。进城以后，仍然保持着这种嗜好，经常请他的夫人何连芝买这些东西吃。每当吃饭，看到有臭豆腐时，他就会笑哈哈地说："好呀，吃臭皮子，真开胃哟！"

董老吃饭时，有一个菜特别是一个豆腐或者豆腐汤就很满意了。一天，女儿楚青奇怪地问："爸爸，豆腐有什么好吃的？我就不喜欢吃。"董老淡淡地一笑，说："你不喜欢？豆腐的味道你尝不出来，实际上豆腐不但好吃，它的营养价值还很高呢！不信去问问你妈妈。"他的夫人知道董老的心意，当然同意董老的看法了。

董必武夫妇不但自己生活朴素，而且对子女的生活要求也是很严格的。女儿楚青上学时，董老的夫人就对大师傅说："楚青早上上学，只把剩菜剩饭热热就行了。"可大师傅却总是打个鸡蛋，把剩饭炒一炒给楚青吃。刚开始时，楚青吃得很香，但是天天早上都吃这样的饭，就吃腻了。她看见同学们早上有的吃火烧、油饼、红薯，羡慕极了。她就向妈妈提出来："给我几角钱，让我和别的学生一样，吃个火烧、油饼或烤红薯。"妈妈最初不同意，一则怕不卫生，二则认为是浪费，因为家里有剩饭嘛。可是，楚青左缠右磨，妈妈只好给了她两角钱。董老知道这件事后，严肃地批评了楚青："吃炒鸡蛋饭都腻了！你知道不知道，我年轻的时候，家里对我的最特殊优待，才是吃一餐炒鸡蛋饭呢！"这天晚饭后，董老又和楚青一块散步。他和气地、充满慈爱地对楚青说："楚青，我像你这么大的时候，家里很穷，又是一大家人，每天只能吃两顿稀饭。只有过节时，才可以吃一顿干饭，分稀饭，是我的奶奶掌勺，每人一勺。我的爸爸和我呢，在外边教书，挣的钱交给这个大家庭，所以只有我们两人能受到优待，可以吃一餐干饭，别人却喝着粥。这餐干饭，最好的就是鸡蛋炒饭咧，很好吃哟！你倒怎么吃腻了？"楚青听着爸爸的话，默不作声，以后吃饭时再也不挑食了。

在家庭餐桌上，董老有个传统节目，就是背诵李绅那首著名的《悯农》诗："锄禾日当午，汗滴禾下土。……"目的就是让孩子们从诗中懂得粮食的来之不易。一次，楚青吃完饭刚要走，董老叫住她，说道："你看，你看！碗里、桌子上有多少饭粒？'粒粒皆辛苦'，粒粒不能丢！"女儿茫然地看着掉落在桌子上的饭粒，又看看爸爸。"捡起来吃了。"董老又一脸笑容，但声音威严地说。慑于爸爸的威严，女儿把掉在桌子上的饭粒一粒一粒捡起来吃了，把碗里剩的饭粒也吃干净才走了出去。

1954年，董必武率代表团出国访问，出发前，大儿子悄悄对随行工作人员说他想要一架照相机。回国后，大儿子如愿以偿，得到了相机。这事被董必武发现后，他狠批了儿子一通，并令他把相机送还外交部，做深刻检讨。

董必武的小儿子良翮从小学到大学，董必武一直对他采取"实物供应",肥皂用完了给肥皂,毛巾用破了给毛巾……从来不给钱买零食和消耗品,每月只给他往返用的车费。良翻曾为了买一双自己喜欢的布鞋,竟从车费中3分5分地攒了两年!

历史小链接

董必武(1886—1975),伟大的马克思主义者,杰出的无产阶级革命家,中华人民共和国开国元勋,党和国家的卓越领导人,中国社会主义法制的奠基者。他为中国人民的解放事业和社会主义建设事业做出了卓越的贡献,建立了不朽的功勋。

刘伯承教育子女节俭

"勤能补拙，俭以养廉"，这是刘伯承让孩子们牢记的座右铭。

抗日战争时期，刘伯承的大儿子出生了，取名太行，他希望儿子像太行山一样高高耸立，威武不屈；像太行山一样，永远生活在中华民族的怀抱。

刘太行渐渐长大了，该上学了，上个什么学校好呢？

当时，刘伯承担任晋冀鲁豫军区司令员，有的同志为此向他建议设立一所干部子弟学校，刘伯承坚决否决了这个建议，他将太行送进了位于武安县的一所农村小学。太行和普通农村孩子一样，坐在破旧、简陋的教室里，课桌是土砖搭起来的，坐的凳子全是石块土砖堆成的，上面垫了些木板或麦秸草。

刘伯承经常教育太行，要艰苦朴素，他常说，孩子时，只要吃饱穿暖，长大以后就能独立生活，不要依靠家庭。有一次太行的妈妈汪荣华见儿子的毛衣破了，就给他买了一件新的，结果，刘伯承严厉地批评了妻子，说补补还是可以穿的，要让孩子从小养成艰苦朴素的好品质。

刘伯承的二儿子阿蒙是解放初期诞生的，刘蒙出生后，刘伯承希望他长大成为国家的栋梁之才，有感于三国东吴名将吕蒙奋发上进，被称为"吴下阿蒙"，因此给他取名"阿蒙"。

阿蒙上学时，有一个存钱的小泥罐，老家的孩子叫它"爆噗"。因为过年时，孩子要"噗"的一声把它摔碎，拿出里面的钱去买零食和玩具。

那时，刘伯承夫妇一分零用钱也不给阿蒙。阿蒙每天只好步行上学，为了把省下的8分车钱放到"爆噗"里。等春天来了，阿蒙就把它打碎，用这些钱去买风筝、买山里红……

上中学时，阿蒙穿的还是姐姐穿过的女式旧军装，有些同学笑着叫他"黄皮"。

放学回家，他嘟着嘴跟妈妈说："以后我不穿这女式衣服了，人家笑话我。"妈妈看了看，也笑起来："是啊，你长大了，等这件衣服破了，就不再穿女式衣服了。"妈妈接着又说道，"你在生活上要向爸爸学习，你看他的棉鞋穿了好多年，补了好几次，不是还在穿着吗？穿得干净整齐就行了。"

有一天，阿蒙在屋里整理书信，看到爸爸的一封信里写着："廉洁的品行，要靠平时俭朴的生活养成。"正当他琢磨"廉"与"俭"的关系时，妈妈走了进来，他把信递给妈妈，妈妈看后对他说："西南解放我们刚住进重庆，你爸爸就提出'虚假的资产阶级生活，会养成真正的资产阶级意识，让大家不要因为生活条件好了，就脱离了群众，忘记人民，贪图享受，追求个人升官发财，会形成新的资产阶级'。所以建国后，他始终保持着俭朴的生活，在工作上廉洁奉公，对你们的要求也很严格。"

为了不让孩子有优越感，不搞特殊化，刘伯承夫妇在自家的电话间里贴了一张"告示"："儿女们，这些电话是党和国家供你爸爸办公用的。你们的私事绝对不许用这些电话。假公济私是国民党的作风，不许带到我们家里来。"

这张告示，刘伯承的六个儿女都严格地遵守着。

刘伯承的二女儿弥群要结婚了，刘伯承提出用一个星期天，全家团聚庆贺一下。不巧的是，弥群所在单位正好安排那个星期天义务劳动，刘伯承知道了，风趣地说："家规依从国法，个人服从组织嘛！"

刘伯承的长孙降生时，刘伯承已年近八旬，他听到喜讯后非常高兴。但就是这样一个宝贝，刘伯承对他也严格要求，使他和人民大众的孩子没有什么两样：孩子在普通幼儿园长大，在普通学校读书，口袋里揣着汽车月票，脖子上挂着钥匙。

刘伯承元帅送给儿女们的"勤能补拙，俭以养廉"八个大字，已经传给了第三代、传给了成千上万的中华儿女，成为人们终生受益的座右铭。

历史小链接

刘伯承（1892—1986），中华人民共和国元帅，中国人民解放军创始人和领导人，现代军事家。1911年参加辛亥革命，加入学生军，参加了护国、护法战争。加入中国共产党后，组织过沪顺起义、南昌起义，先后任过中央红军总参谋长、八路军一二九师师长、第二野战军司令员、军事学院院长、中央军委副主席等职。他对中国革命军队的建立和壮大，对革命战争的胜利和新中国的成立，对我军向正规化、现代化的迈进都做出了不朽的贡献。

彭雪枫一生俭朴

彭雪枫是我国老一辈无产阶级革命家，他出生在一个农民家庭里。穷苦的生活使他养成了艰苦奋斗、勤劳节俭的好习惯。这里有两个关于他勤劳节俭的小故事：

月下打草鞋

红军胜利地结束了举世闻名的二万五千里长征，会师于陕北的时候，物质补充非常困难，特别是没有鞋穿。因为交通不便，加上敌人的封锁，有钱也买不到所需的东西，所以当时虽然是数九寒天了，但部队中的很多人还是光着脚。为了克服困难，减轻人民负担，时任红军第一军团第四师政治委员的彭雪枫号召大家打草鞋，他是全师首先打草鞋的一个。

一天晚上，师部通信班长姜国华担任内卫值班，当他走到师首长住的院子附近时，在淡淡的月光照耀下，他发现杏树下坐着一个人，两只手在不停地活动。他很诧异，心想：这会是谁呢？为什么深更半夜还不睡觉呢？于是，他握紧了手中的枪，轻轻地走了过去，仔细一瞅，原来是彭雪枫政委正忙着打草鞋。他忍不住说："政委同志，你整天工作，晚上该好好休息休息。鸡已叫了好几遍，天都快亮了！政委同志，快回去休息吧，你穿的草鞋，让我们来打。"彭雪枫却没理会他的话，仍是不停地打着草鞋。随后他说："白天不能用工作时间来办私事呀！姜国华同志，你想想，我是一个领导者，如果光动员下级打草鞋克服困难，自己不以身作则，那不是言行不一致吗？我们共产党人，说到就要做到，否则就会脱离群众！"

第二天早晨，地上下了一层薄薄的霜，师直属部队照例到操场集合出早操。彭雪枫出现在操场的中央，刹那间，几百双眼睛，用钦佩和赞誉的目光，紧紧地盯在他脚上穿的那双崭新的草鞋上。

后来，彭政委月下打草鞋的故事，就在师直属部队传遍了。在他的带领下，全师掀起了一个打草鞋的热潮，不到一个星期，部队没鞋穿的困难就解决了。

换衣服

有一天，部队向陕东南进军的途中，天忽然下起大雨来。同志们身上所有的衣服都淋透了，连放在骡子上的东西也没有一件是干的。

彭雪枫本来有个斗笠，但在路上，他看见有个病员淋着雨坐在路边难以行走，就把斗笠让给了他，自己和大家一样淋着雨行军。走了70里，到达宿营地，他刚一进房子，就在一个小小的炕上坐下来，衣服鞋子都不换，又开始他的工作了。

其实，并不是他顾不上换，而是没有衣服换。他的全部家当，除了一床薄薄的灰粗布被子、一个破了几个洞用白布补好的灰军毯，就只有一套灰色单军衣和一件衬衫。这两套衣服还是从江西出发时就穿上的，用到现在都已经破得不成样子，补丁摞补丁，根本不能下水洗，一洗就一块一块地掉。但他还是舍不得丢掉。去年发衣服时，本来给他发了一套，他坚决不要，硬叫通讯员送回供给处去了，并再三叮嘱说："告诉供给处的同志，不要过于照顾我，在困难的情况下，一切应先从战士出发。他们在冰天雪地里行军、打仗、站岗、值勤，比我们辛苦多了。我们每一个共产党员、每一个革命干部，都要吃苦在前，享受在后。"

根据这些情况，现在要叫他换衣服是很困难的。但是又不能让首长穿着湿淋淋的衣服工作，于是通讯员就到供给处要套衣服给政委换。

供给处的同志也是熟知彭政委脾气的，他对通讯员说："衣服倒还有，可都是新的，你要能劝咱们政委穿上一套新衣服，就算你有本事"。通讯员说："好，咱们试试看！"

通讯员拿着一套新军衣，飞快地回到彭政委住的房子里，政委正弯着腰在拧裤脚上的水呢！发现通讯员进来，就马上停下了。通讯员赶紧走向前，把衣服递上去，说："政委同志，你先把湿衣服换换，用火烤干再穿！"他连忙摇头："不要紧，马上就会干的。"通讯员坚定地说："不行，还是换换吧！"他仍是拒绝说："你自己换了吗？"通讯员指着自己身上的衣服说："换了，你不是看见了吗？"他又问："你们班的其他同志都换了吗？"通讯员肯定地回答说："都换了！"他手向门外一指，又说："好，那你拿到伙房去，叫炊事员同志换换，他们和大家一样行军，住下来还要给大家做饭，起早贪黑，真够他们苦的了！"彭政委这么一说，通讯员就急了，一时答不出话来。这时，政委的警卫员来了，看到这种情景就明白是怎么回事了，于是他赶忙说："大家都换了，没换的也用火烤干了。现在就剩下你一个还穿着湿衣服呢。政委同志，还是把你的湿衣服脱下来，让我拿去烤烤吧！"看到我们似乎有不达目的不罢休的样子，彭政委笑了笑，然后轻快地说："嗬！据你们这样一说，那我落后啦！好吧，谢谢你们，我就换换吧。"听彭政委这么一说，通讯员心里真像放下了千斤重锤那样轻松愉快，就顽皮地对彭政委说："你要再不换，我们就要到特派员同志那去汇报了！说你不爱护自己的身体！"彭政委又哈哈大笑："真厉害！一汇报，那问题就严重啰！"

彭雪枫同志一生俭朴，甚至到他牺牲时，陈列在灵堂里的还是他那床补了补丁的破被子。

历史小链接

彭雪枫，中国工农红军和新四军杰出指挥员、军事家。1941年任新四军第四师师长兼政委，是抗日战争中新四军牺牲的最高将领。

投身革命20年，出生入死，南征北战，智勇双全，战功卓著，被毛泽东、朱德誉为"共产党人的好榜样"。为了纪念和歌颂彭雪枫，在镇平县城北隅修建彭雪枫纪念馆；另有多部影视作品襄扬彭雪枫将军的英雄事迹。

徐特立节俭为民

　　徐特立同志是我党的一位德高望重的革命家、教育家。他一生寻求人民解放的道路，始终保持平易俭朴的作风，不事铺张、不图虚名，为革命事业忘我劳动、奋斗终身。党中央在祝贺徐老 70 大寿的信中曾赞扬他说："你痛恨官僚主义和铺张浪费，你的朴素勤奋 70 年如一日，这个品质使你成为全党自我牺牲和艰苦奋斗作风的模范。"

　　徐老早年在长沙，是各校争着聘请的名教师，兼课钟点多、薪水高，但他除了开支一家生活费用外，全部用来买书和办学，不事积蓄、不搞应酬，更不请客送礼。在多年的教学生涯中，他担任过几个师范学校的校长，社会地位比较高，但他一贯粗食布衣，不吃珍馐、不着绸缎，不使用精美物品，自奉俭约。

　　当时，长沙城里的中等学校很少，一般的中学教师，多是社会上"有体面"的人，他们保持着绅士派头，到学校上课要坐"三丁拐"（三个人抬的轿子），似乎不这样就显得寒酸，会被同事、学生看不起。而任校董兼教员的徐老，来校上课时，却常穿着"钉鞋"、撑着雨伞、夹着讲义，每天往返八九里，总是步行，从来没坐过轿子。后来，这种作风也影响了其他教师，一个图画教员，本来生活就不太宽裕，还雇了三个轿夫，经济上感到很吃力。一天，他对徐老说："你不坐轿子，学生仍然很尊重你，以后，我也要学你。"这样一来，不少教师都不再坐轿子了。

徐老在修业学校兼职授课时，正值袁世凯的爪牙汤芗铭督湘，他破坏教育，克扣教师薪水，一度使许多学校陷入困境。那时，徐老的薪水也很微薄，甚至有时不发薪水，但是，当他看到因生活困难而难以继续学习的学生，就常以金钱物质相助，他的钱除了买书办学外，多半都接济穷苦学生了。那时他把家留在乡下，距长河城八十里，每次回家返城，都要走一整天，他连路上的午餐费也省掉不花，只从家里带些炒好的红薯片，在路上充饥。

参加革命以后，徐老更加克勤克俭、廉洁奉公，凡在他身边工作和生活过的同志都对他朴素勤奋的工作情景历历在目、缕缕可述。

徐老51岁入党，参加长征时，已经58岁了。长征途中，条件艰苦，组织上和同志们都想多照顾他，可他从不愿给大家添麻烦。他和其他同志一样，头上戴的帽子、身上穿的衣服、脚上穿的鞋子，破了自己补；米袋、伞套自己缝；还用羊毛编织手套、衣袜，用羊皮缝衣袋。

白天行军，快到宿营地的时候，徐老总是边走边拾柴或拔些野菜，用扶手的棍子挑着。一到宿营地，就搬两块石头架起水盆，自己烧热水洗脚，烧开水喝，有时还煮点面糊或者野菜吃一顿。

组织上为了照顾年迈的徐老，配给他一匹马，还派了饲养员。可是，一路上他很少骑马，不是让给战士们驮东西，就是让给伤病员。他硬是用两只脚翻越了终年积雪的夹金山和荒无人烟的茫茫草地。在环境极其险恶，生活极其艰苦的日子里，粮食、蔬菜十分短缺，他常常吃草根树皮过日子，而把自己仅有的一点粮食送给患病的同志。

徐老常说，俭朴的生活能锻炼坚强的意志，陶冶崇高的品质。他说："我过惯了俭朴的生活，觉得只有这样，才能使精神愉快。"的确如此，长征胜利后，徐老担任了较高的领导职务，但仍保持着一个普通士兵的本色。

在延安，徐老任陕甘宁边区教育厅厅长，当时的边区教育厅设在延安城里天主教堂旁边的一个小院子里，徐老就住在这个小院后面的一间破旧的、狭窄的房子里。在这个房子里，有一个小炕，这是徐老和他的警卫员睡觉的地方；炕前摆着一张没有油漆的小方桌，这是徐老的办公桌；房子的另一头，放着徐老唯一的木箱，装满了他在江西苏区编写的教材和资料。木条做成的窗棂上糊着的窗纸已发黄破旧，徐老就是在这样十分单调简陋的条件下，为发展边区教育事业，终日辛勤地工作着。

1938年，正是第二次国共合作时期，60岁高龄的徐特立同志奉党中央之命到长沙任国民党革命军第18集团军总司令部驻湘代表、高级参议。作为八路军的首席代表，他完全有资格享受应有的待遇，但他除了忘我工作之外，生活上没有丝毫特殊待遇。

为了动员民众、组织民众，宣传我党提出的抗日救国十大纲领和全国人民的抗日任务，徐老常常外出到各地演讲，到国民党上层人物和民主党派人士中去做工作，无论到工矿、学校、农村、码头，他都是步行，从不乘车。每天他都和八路军驻湘办事处的同志们吃一样的饭菜、穿一样的军装。那时，由于徐老是教育家，声望很高，许多关心国家生死存亡的各界人士，纷纷来到八路军办事处聆听他讲述中国共产党的主张，不论白天黑夜，徐老都热情接待络绎不绝的来访者，从日中谈到深夜，晚上还要为《救亡日报》等报刊写文章，整日没有休息，就连吃饭都时常不能准时。有时在外做报告回来晚了，办事处同志都吃过饭了，没有菜了，炊事员要替他做菜，他却自己动手，一边装饭一边说："你们不要炒菜，只要用开水一泡就可以吃了。"

有一次，国民党湖南省主席张治中为他举行宴会，徐老仍是穿着他平日穿的，也就是仅有的那套普通的灰棉布军装去赴宴。当他步行到省府门口时，警卫不肯禀报，说张主席今日有事，概不会客。徐老从工作着想，跑回住处，取了名片，第二次来到门口，当他递上名片时，警卫才知道他是今天宴会上的首席客人，又是惊讶，又是钦佩，赶紧请他入内。共产党高级干部的俭朴作风，使国民党官兵也深深为之感动。后来，徐老回忆在长沙工作的情景时曾说："我在长沙八路军办事处负责两年，只开支五元酒席费，为请法国记者宴会。我的节俭作风自儿童时代养成至今，已成了自然。我一生节衣缩食、勤俭朴素，当时才能做些社会事业，后来参加革命就能艰苦奋斗、克己为公了。"

全国解放后，徐老到了北京，担任全国人大常务委员会委员、中共中央委员，条件比延安时好多了，但徐老仍保持艰苦朴素的作风。他戴的帽子还是延安时发的，被子是用旧棉衣上拆下来的棉花和土布做的，棉衣已经穿了好几个冬天，拆洗时，短了、破了就用布接上，补好又穿，他仅有的一双皮鞋，只有参加外事活动或宴会时才穿一穿，过后立即换下来收好。他吃的也是粗茶淡饭，总是注意节约一滴水、一度电，连一个白菜头也不随意扔掉。八十岁那年，他的许多老同志、老朋友、老学生都想给他祝寿，庆贺一番，但他不同意，就趁开会的机会，提前去湖南和广州，在火车上度过了生日。

在北京工作期间，他的办公用品、爱人生病住院的治疗费，都是自己花钱，从不向公家报销，他写了许多文章，也不要稿费。第一次全国人民代表大会开过后，给他发了150元钱，是人大代表的补助费，每月50元，一季度发一次，他老人家当即把钱退了回去，并让秘书写了封信说，人民代表应该为人民办事，不能增加人民的负担。他到各地视察工作，都不允许请客送礼。

85岁时，徐特立曾写过一首词发表于《长沙日报》："创业难，守业亦难，须知物力维艰，事事莫争虚体面，老老实实，勤俭建国，发愤图强。"这些话，是徐老一生艰苦奋斗、勤俭朴素精神的写照，也是留给我们的座右铭。

历史小链接

徐特立（1877—1968），原名懋恂，字师陶，中国革命家和教育家，湖南善化（今长沙县江背镇）人。1911年参加辛亥革命，1927年加入中国共产党，同年8月参加南昌起义。1931年11月当选为中华苏维埃共和国中央执行委员会委员。1934年参加长征。新中国成立后，曾任中央人民政府委员会委员。他是毛泽东和田汉等著名人士的老师，是中共第七、八届中央委员。徐特立一生致力于社会主义的教育事业。党中央曾评价他"对自己是学而不厌，对别人诲人不倦"，"中国杰出的革命教育家"。著作大都收集在《徐特立教育文集》和《徐特立文集》中。

王震带头开荒

　　抗日战争进入相持阶段后，由于日军残酷的"扫荡"和国民党军队的包围封锁，加之连年自然灾害，根据地财政经济出现了极大困难。为战胜困难，党中央提出了"自力更生、艰苦奋斗"的方针，决定发扬勤劳节俭、埋头苦干的精神，动员敌后各抗日根据地党政军民，开展大生产运动。

　　1941年春，八路军第一二〇师第三五九旅奔赴南泥湾，在王震旅长亲自率领下，全体将士搭起帐篷、挥舞镢头、开荒种地，掀起了轰轰烈烈的大生产运动，王震旅长总是身先士卒带头劳动。

　　有一天，他挑着担子，嘴里哼着陕北小调，给地里的战士们送水。王震脚步飞快，当他走下陡坡的时候，一个不小心滑了一下，把脚扭伤了。他忍着痛，平稳地把水桶放了下来。这时，战士们纷纷跑了过来，将他搀扶起来，王震的脚扭伤得很厉害，经过医生的治疗，一星期之后才消肿。

　　王震在养伤期间，还十分惦念着大生产的情况，经常听取生产进度的汇报，还再三嘱咐把那段路修好，以便于同志们行走。干部和战士们都很受感动和鼓舞，他们各个精神抖擞，干劲倍增。在王震旅长养伤期间，开荒种地的进度更快了，大生产运动更加热火朝天。

　　王震带头参加劳动的模范行为，有力地鼓舞了正在南泥湾大生产运动中奋战的千军万马。三五九旅的全体将士们用勤劳的双手改变了南泥湾这片荒原，到1943年，开荒已达138000亩，把草莽丛生的南泥湾建设成陕北的江南，使这昔日的荒山野地变成了陕北的米粮仓。他们一手拿枪，一手拿锄；一面打仗，一面生产，减轻了人民的负担，改善了人民的生活，使解放区军民渡过了严重困难的时期，为争取抗日战争的胜利奠定了物质基础。

历史小链接

王震，是中国共产党的优秀党员，伟大的无产阶级革命家、政治家、军事家，坚定的马克思主义者，党和国家的卓越领导人。他在60多年的革命生涯中，为中国人民的解放和新中国的建立，为社会主义建设和改革开放事业，做出了重大贡献，深受全党全国各族人民的尊敬和爱戴。

黄克诚的严格"军规"

黄克诚是中国人民解放军的大将，1978 年在中共十一届三中全会上被增补为中央委员，并被选为中央纪律检查委员会常务书记。

他年逾古稀，多病缠身，双眼因严重的白内障而失明。对他这样一个功绩卓著、历经坎坷、为新中国做过巨大贡献的老同志来说，晚年过过舒坦日子，享享天伦之乐，按说是"理所应当"的了。可实际上，黄克诚同志一点儿也没这样做。他按照党的优良传统和严明纪律，一丝不苟地要求着自己。

这一年，他的小儿子黄晴要结婚了，家里准备为他俭朴地举办婚礼，既没有置备什么"高档"家具，也没有打算摆多少桌"喜宴"。临到新媳妇该过门了，有的工作人员向黄克诚说："眼下，新媳妇过门要靠小汽车来接，普通人家还往往是一长串小车排着队呢！"建议派一辆小车去接新娘子。

黄克诚听后，摇摇头没答应。因为他早就定下了"家规"：小汽车是党分配给自己办公事用的，家里不能私用。他对黄晴说："新娘子年纪轻轻，坐公共汽车，骑自行车，一样能来嘛！"黄晴听父亲的话，骑了自行车去接新媳妇。

黄老有个孙子，叫黄健，他可算得上爷爷的"心肝宝贝"了。夏季的一天早晨，大雨倾盆，院里、街上的水都淌得如同小河了。小黄健卷了卷裤腿，撑把雨伞，"吧唧吧唧"跑过院子去上学。司机王伯伯看到了，心疼地说："小健，伯伯开车送你一趟！"黄老的夫人唐大姐看到这情景，忙提醒孙子说："小健，不坐爷爷的车，这是咱们家的规矩。你爸爸、妈妈都没有自己坐过小车，你这样做……"小黄健听了，想起爷爷平时和自己说的许多话，痛痛快快地向王伯伯摆了摆手说："我不坐了！"然后蹚着雨水大步向车站走去……事后，司机老王感慨地说："我在黄老这儿开了这么多年车，这是我唯一一次自作主张用小车送趟孩子。没想到还碰了壁！"

黄克诚以 84 岁的高龄，告别了人世。他为中国人民的解放事业立下了丰功伟绩，永垂青史；他在家庭生活中严格要求儿孙们的事迹，也给人们留下了廉洁奉公的光辉形象。

历史小链接

黄克诚（1902—1986），原名黄时瑄。湖南永兴油麻圩下青村人。是党、国家和军队的卓越领导人，是著名的革命家、军事家，1955 年被授予大将军衔，获一级八一勋章、一级独立自由勋章、一级解放勋章。

林伯渠以身作则

林伯渠是我国著名的无产阶级革命家。

1942年，国民党反动派对边区实行经济封锁，边区军民面临着一场严峻的考验。为了挫败国民党反动派的阴谋，党中央毛主席号召解放区军民"一面打仗，一面生产""自己动手，丰衣足食"。当时担任陕甘宁边区政府主席职务的林伯渠同志，除了日日夜夜为边区的重大事情操劳费心外，还亲自带领边区政府工作人员开展生产活动。

清明节后的一天下午，林伯渠召集勤杂人员开了一次会，要求每人种三窝南瓜。工作人员小边当时就想不通，认为搞生产自救是下面的事情，政府工作人员发发指示，部署部署工作已经够累的了，还种什么南瓜。

第二天清晨，小边到操场去，忽然发现操场边上有个人影在移动。走近一看，这个人影不是别人，正是林伯渠主席。在凉飕飕的晨风里，他老人家不知用拐杖比画着什么。为了不打搅他，小边正准备离开，可林主席叫住了他，"小边过来。"小边来到林老身边，林老用拐杖指着操场边上的一块空地说："把它开了，满可以种瓜嘛。我们几个就在这儿种吧。"天亮后，林主席立即唤来了秘书、炊事员，还有勤务员小马，向大家说了自己的打算。接着，又兴冲冲地甩掉拐杖，拿起铁锹干了起来。小边跑过去接过林老手中的铁锹说："林老，您还是别干了。您的任务我们几个包了！"林老笑着问："为什么？"勤务员小马抢着说："您是主席呀！"林老听了这话，又一次笑了，他摸着小马的头语重心长地说："你以为我是主席就可以搞特殊吗？不行啊，主席更应该以身作则！"听了林主席的话，大家心里都很不平静，是啊，主席都能够以身作则，政府的每一个工作人员不更应该以身作则吗？从此以后，每逢工作之余，他们常常看到林老在瓜丛里侍弄。有好多次，他们想赶在林老之前，给瓜除草、浇水、施肥、松土，可是每次都落在了林主席的后面。秋天，地里一共收了40多个瓜，600多斤重哩！特别是林主席种的那几窝南瓜，最重的一个竟达25斤。

林老对党、对人民事业无限忠诚的高贵品质，与人民同甘共苦、艰苦奋斗的优良作风，永远值得我们学习。

历史小链接

林伯渠（1886—1960），原名林祖涵，字邃园，号伯渠，湖南省安福（今临澧）人，早年加入同盟会。1921年加入中国共产党。参加南昌起义、长征等革命活动，任陕甘宁边区政府主席。建国后，任中央人民政府秘书长、全国人大常委会第一、二届副委员长。中国共产党重要领导人之一，与董必武、徐特立、谢觉哉和吴玉章并称为"中共五老"。

财政部长厉行节俭

吴波从 1941 年开始，就在陕甘宁边区财政厅担任秘书主任，建国后担任财政部办公厅主任、副部长、部长，40 年来他一直做财政工作，却始终保持勤劳节俭的本色。

几十年来，他的职务几经提升，当了部长，但是他仍然住在 50 年代初就开始住的那个小四合院里，门窗的油漆斑斑剥落，颜色已由红变成灰白。屋里的墙壁已经 17 年没有粉刷过，尤其在唐山地震以后，房屋的墙壁多处出现裂缝，机关和房管所要给他修理，他执意不肯，说："我是财政部长，管钱的，现在国家经济有困难，许多人居住条件都很差，我的房子能住就行了，应当先给别人修。"

吴老当了部长，行政处的同志准备给他配备新的沙发、大办公桌、电扇等家具。他知道后，就找行政处的同志说："我家里的东西一切照旧，什么也不要给我。需要什么东西，我可以自己解决，你们要多关心下面的同志……"行政处的同志觉得吴老家的沙发实在太不像样了，提出要修理，换个沙发套，也被吴老拒绝了。后来吴老的爱人邸力同志（北京电影学院表演系副教授）自己买布缝制了沙发套。

当了部长，照例可配备"红旗"轿车，可是吴老不讲这一套。他说："车，只要能跑就行了。为什么职务一变，待遇也一定要变呢？"吴老用车一贯公私分明，从不坐公车逛公园、上百货商店。即使因公外出开会，如果路程比较短，他总是坚持步行，从不用车。他对家里人要求也很严，从来不让家里人使用公家的车。有几次，邸力同志和吴波一起去八宝山参加追悼会，回来时，司机说："邸力同志到电影学院上班，路比较远，我们绕一绕道，送一下吧!"吴老却笑着说："不用了，她有月票，乘公交车很方便。"三年困难时期，吴老把发给他的"供应卡"锁在柜子里，谁也不让动。秘书发现后，心疼地对吴老说："您夜以继日地工作，年纪又大，应该注意一点营养，否则您的身体容易吃不消。"可是，吴老毫不在意地说："现在国家有困难，大家都有困难，作为领导干部，只有和大家同甘共苦，才不能脱离群众。"

1959年夏天，吴老到北京郊区卢沟桥公社一个大队参加劳动一个月，和社员过着完全一样的生活。社员都亲切地叫他"吴老头儿"，没有人知道他担负的是什么职务。

历史小链接

吴波（1906—2005），1906年生于安徽省泾县。1939年6月参加革命工作，1941年9月加入中国共产党。新中国成立后，历任中央财政部办公厅主任、党组副书记、机关党委书记、中央财政部副部长、党组成员，中国人民银行副行长、党组副书记，财政部副部长、党组副书记，兼任国务院财贸党委副书记。1978年后历任财政部顾问，财政部部长、党组书记。

方志敏朴素的生活

    1935 年 1 月，苏浙皖根据地苏维埃政府主席方志敏在率领红军先遣队北上抗日的途中被捕。当时，抓住方志敏的两个敌人暗想：这么个大官他的口袋里一定有很多钱，这下可发大财了。结果搜遍方志敏全身，除了一支钢笔和一块旧表外，什么也没有。

    从腐朽没落的反动阶级的眼光看来，方志敏这个共产党的"大官"，身边竟然连一个钱也没有，的的确确是非常奇怪的。但是方志敏，作为一个以解放全人类为己任的共产党员，他这样清贫，却真正体现了一个无产阶级革命战士的政治本色。他不仅在被捕的时候身上没有一个钱，就是在根据地比较兴旺的年月里，尽管职位很高，权力很大，又何尝有过什么钱！

    在大革命的时期，方志敏虽然掌管着江西农民协会的办公经费，可从来不滥用一分一厘，出去开会办事，常靠两条腿走。在赣东北，他是工农民主政府的主席，经手的钱有几百万元，但他却一点一滴都用在革命事业上。他的生活跟普通战士一样，每天除了粮食，只有四分钱的菜金。他从不允许办事人员在生活上给他一点额外的照顾。他的一条裤带，用了好多年，断了又接，接了再用。他身边的人员劝他说："您再换一条吧！"方志敏说："东西只要能用，就不应该丢掉。"

    北上之前，方志敏留在赣东北的唯一财产，就是藏在深山里的几件旧汗衫和几双缝着补丁的线袜。不仅他自己在生活上这样艰苦廉洁，而且对家里的要求也很严格。他的家庭是一个光荣的革命家庭。他唯一的弟弟叫方志慧，是红十军的一个团长，很早就在战斗中牺牲了。一个姐姐也已出嫁，剩下年老的父母，在家里过着艰难的生活。有人劝他捎点钱照顾一下家里，他笑着回答说："我管的都是公款，一分一厘都要用在革命事业上，我个人哪来钱寄给家里呀！"

方志敏就是这样艰苦地奋斗着、工作着、生活着。他说得好："清贫、朴素的生活，正是我们革命者能够战胜许多困难的地方。"

历史小链接

方志敏，江西省上饶市弋阳县人。1922年8月加入中国社会主义青年团。1923年3月转入中国共产党。1928年1月，参与领导弋横暴动，创建赣东北苏区，领导组建中国工农红军第十军。先后任赣东北省、闽浙赣省苏维埃政府主席，红十军、红十一军政治委员，中共闽浙赣省委书记。他把马克思主义普遍真理与赣东北实际相结合，创造了一整套建党、建军和建立红色政权的经验，毛泽东称之为"方志敏式"根据地。

陶铸勤俭为民

　　陶铸出生在一个贫苦的乡村小知识分子家庭。他小的时候，家里非常穷苦，六口人全靠父亲教书的微薄工资度日，虽然节衣缩食但还是朝不保夕。贫苦的家境使他从小就养成了勤俭的好习惯，以至他参加革命后成为国家领导人，仍保持着勤俭的良好作风。

　　陶铸在广州工作期间，正赶上国家经济暂时困难时期，他每天工作非常辛苦，经常工作到凌晨两三点。可他在生活上，始终保持着共产党员的本色，坚持以身作则，节衣缩食，不要特殊照顾。他规定家里吃的肉、油、米，"要和老百姓一样"。有一次厨师找到点瘦肉，炒了一盘他爱吃的瘦肉辣椒端给他。他发了火，严厉地批评厨师说："这个月我的猪肉已经吃完了，我说不多吃就不多吃。"说完坚持要把这盘菜退回去，这使厨师很为难，后来这盘辣椒炒肉只得端给工作人员吃了。事后，厨师说："首长真厉害，以后再也不能这样干了。"在那段时间，陶铸始终坚持不搞特殊化，还常对家人说："有碟辣椒，再来碗青菜就够了。吃东西以填饱肚子为原则，这也不吃，那也不吃，还怎么接近群众呢？"他对穿着也从不讲究，他的内衣裤总是缝了又缝、补了又补。他始终不忘群众的疾苦，并常把衣物寄给灾区群众，他常说："我们身上穿暖了，不能忘记老百姓生活还很苦。"

陶铸处处严格要求自己，力求勤俭节约，做到一丝不苟，严格地遵守党的纪律。他经常告诫周围的人："我们都是人民的儿子，应该全心全意为人民谋利益，不能有丝毫的特殊"。他回家乡祁阳的那段时间，总是穿着粗布衣，吃大锅饭，绝不准许为他搞丰盛的饮食。1951年有一次，县军管会曾为他办了一桌"接风"酒席，他连门都不进，多次催请也不去，可他却到祁阳一中和师生们一起用普通餐，叫人把办酒席的物品卖掉了。他1961年来祁阳，更是严令不准招待，不吃鸡、不吃肉、不吃鱼，只吃素菜，发现超过规定的饭菜，立即令人撤去，态度十分坚决。他无论到哪里都廉洁奉公、生活简朴，坚决抵制那种慷公家之慨，用来请客送礼的坏风气。1958年，陶铸带领一些干部到粤东检查生产，有的县大摆筵宴，表示"欢迎"，他见到这种场面非常气愤，匆匆吃碗饭就退席了。从此以后，他每次到各地调查、访问，总是事先"约法三章"：不准迎送，不准请客，不准送礼。口头说明还不够，还要随身工作人员督促检查、具体落实。这个"约法三章"，后来实际上成为一条严肃的戒律，谁也不敢在他面前搞什么特殊照顾了。

陶铸在生活上艰苦朴素，在工作上刻苦深入，有时简直到了不顾自己身体健康的地步。"整风整社"时，他到番禺县大石公居住了一段时间，他坚持同其他干部过一样艰苦的生活，每餐吃的都是见不到多少油花的萝卜、白菜，别的同志有时还可以加一点鱼、肉，他却坚持不要，仅是拿出自备的辣椒、腐乳佐餐。长期的艰苦和劳累，使得他经常吐血，体质比较虚弱，同志们见了无不为他的健康担心，都说："他宽阔的心胸中，确实只有人民，唯独没有他自己！"

陶铸在生活上严格要求自己，对他的亲属也同样如此。他母亲长期住在农村，陶铸每月寄回15元生活费。有的时候老人埋怨钱给少了，不够用。陶铸一再恳切地对母亲说，"目前群众生活水平还不高，我们干部家属生活上不能脱离群众，人民给的钱，要讲究节约。"直到讲得母亲思想完全通了为止。他还经常教育他的至亲要安心在农业生产第一线，积极参加生产劳动，勤俭节约过日子，在任何时候都要防止搞特殊化。一年石洞源修水库，包括陶铸的母亲、堂弟在内的一些社员需要搬迁住房，陶铸约法三章，教育亲属搬迁住房要先人后己、厉行节约。做到：一不准比别家早搬一天；二不准所盖新房比别家高一尺宽一寸；三不准建房材料比别家好一分。后来这些亲属虽然都是最后搬迁的，但其中堂弟盖成的新房略为高大些，陶铸严厉地批评了堂弟，要他跟别的社员调换。陶铸这种胸怀宽广，心底无私的高贵品德，赢得了周围群众的钦佩。大家都说，陶铸爱亲人，但他更爱广大的劳动人民，他决不因为自己职务高而给予亲属半点特殊的"照顾"。

陶铸家住的房子是一所年久失修的旧房，一下雨就会漏水，阴天进去非开灯不可。在国家经济困难的那几年，机关几次提议要为他翻修，他都不同意，直到1965年，国民经济得到恢复和发展，他才在机关两次三番地要求下同意翻修，并具体规定了翻修的费用。那段时间他和夫人恰巧都不在家，机关翻修时把标准提高了。他看到后，很不高兴，说是修得超过了他定下的标准，又说："既然是给我个人修的，我就该自己出钱。"于是要警卫员小曾送去了他积存的几乎全部工资。机关觉得公家维修房子，私人出钱，这既无先例，也不符合收支规定，表示很为难。陶铸说："那就算是我捐献给公家的吧。"硬是不让把钱退回来。这件事在当时引起的震动很大，许多同志都深受教育。然而翻修好的房子，他连一天也没住上，就调到北京去了。

陶铸把"先天下之忧而忧，后天下之乐而乐"作为自己的座右铭，他一生勤俭为民，做到心底无私，廉洁奉公，不愧为人们学习的好榜样。

　　陶铸（1908—1969），又名陶际华，号剑寒，化名陶磊。陶铸同志是中国共产党的优秀党员，坚定的马克思主义者，久经考验的忠诚的革命战士，杰出的无产阶级革命家，党和军队卓越的政治工作者，党和国家的卓越领导人。他一生为民族独立、人民解放和国家富强做出了重要贡献，是人民群众熟悉和爱戴的革命前辈。

焦裕禄严格待己

焦裕禄是河南省兰考县委书记、党的好干部、全国干部和群众学习的好榜样。

1962年，河南省兰考县遭受内涝、风沙、盐碱三害的严重侵袭，粮食产量下降到历史上最低水平。就在这样的关口，党组织派焦裕禄来到兰考。

一天，县委一位领导干部提出装潢县委和县委领导干部办公室的计划，包括桌子、椅子、茶具，都要换成新的。焦裕禄问他："坐旧椅子不能革命吗？"接着耐心地说："灾区面貌没有改变，还大量吃着国家的统销粮，群众生活很困难，富丽堂皇的事，不但不能做，就是连想也很危险哪！"

焦裕禄不仅严格要求别人，更严格对待自己。他自从参加革命一直到当县委书记，始终保持劳动人民的本色。他穿的袜子补了又补，妻子要给他买双新的，他说："跟贫下中农比一比，咱穿得不错了。"

1963年春天，正当兰考人民同涝、沙、碱斗争的时候，焦裕禄的肝病越来越严重了。地委负责同志劝他住院治疗，他说："春天要安排一年的工作，离不开！"地委给他请来一位有名的中医诊断，开了药方，因为药费很贵，他不肯买。他说："灾区群众生活很困难，花这么多钱买药，我能吃得下吗？"县委同志背着他买了三剂，强迫他服用，但他执意不再服用第四剂。当焦裕禄病重不得不住进医院后，医生开出的诊断是"肝癌后期，皮下扩散"。临终时他对在他身边的同志说："我不行了，你们要领导兰考人民坚决地与灾害斗争下去。党相信我们，派我们去领导，我们要有信心的。我死了，不要多花钱。我死后只有一个要求，要求组织上把我运回兰考，埋在沙堆上，活着我没治好沙丘，死了也要看着你们把沙丘治好！"

1964年5月14日，焦裕禄同志病逝，年仅42岁。

历史小链接

焦裕禄（1923—1964），革命烈士，1946年加入中国共产党，1962年被调到河南省兰考县担任县委书记。时值该县遭受严重的内涝、风沙、盐碱三害，他坚持实事求是、走群众路线的领导方法，同全县干部和群众一起，与深重的自然灾害进行顽强斗争，努力改变兰考面貌。他身患肝癌，依旧忍着剧痛，坚持工作，被誉为"党的好干部"、"人民的好公仆"。他用自己的实际行动，铸就了亲民爱民、艰苦奋斗、科学求实、迎难而上、无私奉献的焦裕禄精神。

雷锋勤俭节约

　　雷锋始终保持着十分俭朴的生活作风，时时关心着祖国的社会主义建设事业，处处表现出勤俭节约的美德。

　　有个新兵小于，入伍后工作学习都很不错，只有一个缺点，那就是时常爱花零钱，每月的津贴费都不够花，还经常写信向家里要。雷锋见他经常买零食吃，就劝他说："小于，挺大的个子，吃零食不怕人家笑话？"小于好顶嘴，见雷锋那艰苦朴素的样子，虽然也很感动，想克服自己的缺点，可是别人一说到他的缺点，提醒他两句时，他总是不肯服气，还要说些风凉话。他对雷锋说："人人都像你这样，报纸登都登不下了。"他说他的，雷锋该怎么做还是怎么做。雷锋的那双袜子，补了又补，不知补了多少次了，他还是不肯扔掉；他买了一块香皂，也只是逢年过节的时候才拿出来用一用，平时就用普通肥皂洗脸。

有一次，雷锋去参加运动会，大热的天，做完了运动项目，又热又渴，许多人排队买汽水，他也掏出钱排上了队，等了一会，快轮到他买时，突然看到供水站送来了开水，他就把钱收起来，转身走了。一个战友看他走了，问道："雷锋，怎么又不买了？"他笑着说："开水送来了，喝开水也一样解渴。"那位战友听他这么说，就问他："你就一个人，没家没业的，干吗这样苦着自己？""谁说我熬苦自己？现在这生活比起我过去受的苦，真是好上天了。谁说我就一个人，没家没业？我们祖国大家庭有几亿人口呢。为了改变祖国一穷二白的面貌，我们应该响应党中央的号召，艰苦奋斗，发愤图强。"那个战友又问："你存银行那些钱，准备干啥用？""准备支援国家建设。""国家就缺你那点钱？"雷锋答道："同志，积少成多，粒米堆成山，每人一天节约一分钱，你算算，全国一天节约多少钱？""这账我可没算过。""当了国家主人，不算这笔账还行吗！"那位战友无话可说了，雷锋朝供水站走去。

雷锋就是这样时刻保持着艰苦朴素的作风，继承革命前辈的光荣传统。部队每年发两套单军装，两套衬衣裤，两双解放鞋。雷锋从1961年以后，各样只领一套，其余的都交还公家。他说："一套就够穿，破了还可以补补。"

雷锋有一件夹衣，是从湖南家乡带来的，虽然又旧又破，但他也不肯买新的，总是洗了又洗，补了又补，还穿在身上。

每个月的津贴费，除了一些必须开支外，他只留少量的钱，买一些马、列、毛主席著作和有关青年修养的书，其余的全部存入银行，分文也不肯乱花。

他用的毛巾、茶缸、牙具，按说早该换新的了，但他还依然用着。

战友们都知道雷锋有个"节约箱"，这是用破木板钉成的小木箱。他把捡来的破铜烂铁、废螺丝钉等东西都放在里边。遇到需要的时候，他就从"节约箱"里，找出来适用的东西，不用的废品就拿去卖了，卖回来的钱，都全部交公。

给某工地运水泥时，车子上常撒落一些水泥。雷锋觉得这都是国家的财产，一点儿也不该浪费，他就利用业余时间，到每个车子上去打扫。不到两个月，他积攒了一千七八百斤水泥，也都交还给了工地。

雷锋时刻注意一点一滴地为国家、为集体积累财富。牙膏用完了，废牙膏皮扔掉，这是人们习以为常的小事，雷锋在这上面也找到了节约的窍门。一次，雷锋把捡来的牙膏皮，卖了二元六角钱。他利用这些钱买了一打笔记本，亲自送给小学的少先队员们，勉励他们说："你们要刻苦努力，每个人都要争当三好学生。"

历史小链接

雷锋（1940—1962），中国家喻户晓的全心全意为人民服务的楷模，共产主义战士；他作为一名普通的中国人民解放军战士，在他短暂的一生中却助人无数，伟大领袖毛泽东主席于1963年3月5日亲笔为他题词"向雷锋同志学习"，并把3月5日定为学雷锋纪念日；一部可歌可泣的《雷锋日记》令读者无不为之动容。"雷锋精神"激励着一代又一代人。

抗洪英雄谢臣的故事

1963 年 8 月，在一次抗洪抢险中，谢臣因奋不顾身抢救遇难群众，献出了宝贵的生命。为了表彰谢臣的功绩，部队追认他为"优秀共青团员"，国防部追授他"爱民模范"的光荣称号，并命名他生前所在的班为"谢臣班"。

三件"宝"

提起谢臣，战士们自然会想起他的三件"宝"：一把层层叠叠补了七层的旧雨伞，一条只有三尺长一尺多宽的羊毛毯，一把已被山石磨去了三分之一的羊铲。长辛店人经常用他的这些遗物来教育后人，要勤俭节约、要热爱集体的事业。

谢臣原来在生产队放羊。公社给每一个放羊人员发了一把油布雨伞、一条羊毛毯子、一把新羊铲。按规定这些东西一年一发，以旧换新。谢臣领到雨伞、毛毯和羊铲后，心里非常高兴，他说："社里真关心放羊的，我一定要把羊放好。"

第二年，别的羊倌雨伞和羊毛毯都破了，从队里领来了新的，他却没有领。别人问他，他说："我的还能用，今年不领了。"其实谁都知道，他的雨伞尽管用得细心，但经过一年的风吹雪打雨淋日晒，早就出了窟窿。羊毛毯也因为常用它包羊，磨破了。又过了一年，他仍然没去领新的，第四年，老羊倌谢洪斋不见谢臣领雨伞和毛毯，便找到他问："你的雨伞和毛毯用够年头了，怎么还不去领新的？"他还是那句话："还能用。"当老羊倌看到他的破雨伞已补了三层，毛毯只剩下半块时，心里很难过，谢臣抢先开口道："三爷，现在咱们社里还穷，能凑合用就凑合吧！实在不能用了再换。"话不多，可打动了老羊倌的心："这孩子原来是为了社里少花钱啊！"他不再说什么了。

这三件宝整整跟了谢臣四年多，他把这三件东西视如珍宝。入伍的前一天，他把毛毯晒干，把雨伞包好，把羊铲擦净，交给老羊倌谢洪斋，嘱托道："三爷，你替我保存好，我服役期满回来放羊还要用。"老羊倌收藏起这三件东西，感慨地说："放心吧，我一定给你保存好。"

谢臣牺牲后，老羊倌谢洪斋一直收藏着这三件已破烂不堪的"宝贝"，始终不愿扔掉。每当放羊的青年人闹思想问题时，他便拿出这些东西，给大家讲一讲谢臣和他这三件"宝"的故事。

两个针线包

针线包，这个小物体炮三连的干部、战士每人都有一个。但在谢臣同志的身上，却常常带着两个。这两个针线包，早在1958年给公社放羊时就有了。因为那时候羊多，牧羊人少，谢臣为了管好集体财产，在羊圈跟前搭了个小棚子，昼夜住在山上，衣服破了没时间送到家里缝补，便向母亲要了些针线，自己动手缝补。后来牧羊用的雨伞、毛毯也被缝补的整整齐齐。从此，在他身上出现了这两个针线包。

1960年谢臣入伍，这两个针钱包也跟他到了部队，成了他整天不离身的宝贝，用它们缝过炮衣，补过笼布和战友们的军装。谢臣当了驭手以后，这两个针线包的用处就更大了。比如他使用的那一套鞍具，都已经超过使用年限四五年了。鞍子、皮套裂了许多大大小小的裂缝。谢臣接过这些东西，当天晚上就缝好了。

一天，班长李树山见谢臣的套拥子实在不能用，就对谢臣说："你的套拥子已经用够年头了，可以领个新的。"谢臣说："不，等我想想办法，修理修理还能用。"第二天中午，谢臣从废旧物资中，找了一截雨布，在同志们睡午觉的时候，拿出他那特有的"针线包"，按照原来套拥子的模样，做了一个新套拥子，随手又把那个旧的修了修，谢臣使的车上有了两套套拥子。新旧交替使用，就更节省了。

"万宝囊"

连部卫生员梁锡波和谢臣是同乡。一天下午，他听说谢臣的家属来队探望谢臣，吃过晚饭他想去看看乡亲。一出门，正碰见谢臣背着一个鼓鼓囊囊的挎包回招待所去。他知道谢臣是连里的节约标兵，平时从不乱花一分钱，挎包里准不是吃喝的东西，可是他一转念，也可能是家里人给他捎来了水果。于是，便跑了几步追上谢臣，拍了一下他的挎包，好奇地问："是家里捎来的吧，拿出来大家欣赏欣赏嘛！"

"行！完全可以。"谢臣笑呵呵地说着，并把挎包递到梁锡波手里。梁锡波接过挎包，没等打开，就把手伸进挎包里，一把抓出了三根皮条。"好家伙，还用三根皮条在上边打掩护。"梁锡波又使劲摸了摸，没摸到什么像水果的东西，倒有一个什么东西把手扎了一下，他"哎哟"一声赶紧把手拿了出来。等他把挎包打开往里面仔细一看，原来包里面全都是些破破烂烂的东西。除了皮条，还有麻绳、大小钉子、各种螺钉帽、小起子、木棒棒、马尾，足足有六七样东西。

"你放这些东西干什么？"梁锡波奇怪地问。谢臣接过挎包说："用处可大呢！卖什么的吆喝什么，你当卫生员'十字包'里离不了药，我是驭手就不能少了这些东西。如果马车、套具有了毛病或是少了零件，有了这些东西就能马上修好。"梁锡波一听就马上明白了一切，给谢臣这个挎包起了个名字叫"万宝囊"。

其实"万宝囊"这个名字早在驭手中传开了。平时无论谁的马车、套具丢了零件或磨损了，都会习惯地到谢臣的挎包里找一找。一次驭手陈其奎的大车轮胎掉了一个八角钉，他想到连里去领，谢臣见到后，马上从挎包里给他取出了一个同样大小的八角钉。还有一次驭手李球在套车时马把后鞧踢断了好几节，谢臣从挎包里找了几根皮条替他修好了。

谢臣同志这个"万宝囊"里的东西不是上级发的，也不是他用钱买来的，而是他利用出车和休息时间在垃圾堆上拣来的。

谢臣同志勤俭节约，是从点点滴滴、一分一厘入手的。他之所以这样事事讲节约、处处讲勤俭，用他的话来说就是："我们国家还处在一穷二白的境地，要奋发图强、自力更生，每个革命战士都要胸怀大天地，着手小事情。"

历史小链接

谢臣，男，回族，1940 年出生，河北省易县人，中国人民解放军爱民模范。1960 年 3 月应征入伍。入伍前，是人民公社的模范社员。入伍后，受党的教育，思想觉悟不断提高，逐渐成长为一个出色的人民战士。他常说："我们是人民的子弟兵，凡是对人民有利的事，就应该多做，自觉地做。"他工作积极，学习刻苦，经常为驻地群众做好事。多次受奖，被誉为"爱马标兵"、"节约模范"。为救落水儿童英勇牺牲，年仅 23 岁。

知识拓展

俭，德之共也；侈，恶之大也。

【出处】《左传·庄公二十四年》。

【大意】节俭，是善行中的大德；奢侈，是邪恶中的大恶。

【注】鲁庄公命人在庙堂的柱子上涂红漆，在椽子上雕花纹，这都是奢侈而不合礼法的事情。大夫御孙劝谏他时，说了这句话，并指出

这样做实际上是在先人的"大德"中注入了"大恶",不但不能取悦先人,反而是辱没了他们。可见,古人是从礼的规范和德的大小的高度来看待节俭,而把奢侈浪费看做一种恶行。在物质极大丰富的今天,戒奢从俭,不靡费财物,仍是值得我们崇尚的美德。

将军的三件宝

　　王英高将军是全国五届人大代表，原解放军某部政委。他身居高位，无论是在解放前的艰苦年代，还是在解放后的昌盛岁月中，他始终保持勤俭节约，艰苦朴素的优良作风。他的老伴是北京红十字协会朝阳医院副院长，王将军夫妇有五个孩子，三男二女。老两口时时注意不奢侈不浪费，尽管生活比较宽裕，也从不大手大脚。并倾注很大的精力教育子女要生活俭朴、勤俭持家，他们家中有三件宝。

　　第一件宝是一套修鞋工具。这是将军进城后买的，将军的家有充裕的经济条件给子女们买款式新、质量好的鞋。但他们为了给孩子们做出榜样，老两口总是穿布鞋。买来了新鞋也要先钉上掌再上脚，穿一阵就打上包头，一双布鞋穿几年，一双棉鞋可以穿十来年。

　　第二件宝是缝纫机。王将军总是穿一身军便服，脚上一双布鞋，头上端正地戴着一顶军帽。刘副院长和孩子们穿的衣服基本上是家里做的。大孩子穿小了，给小的改了穿。大女儿、小女儿都会熟练地拆洗缝补衣服。

　　孩子小的时候，刘副院长总是用手针缝制和缝补衣服，后来工作实在太忙了，才买了一架缝纫机。

　　第三件宝是一套理发工具。王家兄弟三个，小的时候由将军亲手理发。到了学生时代一律留平头，头发长了就"互相帮助"，从不到理发店去理发。老大、老二都先后成了家，小弟弟也快 30 了，仍然互相理发，因为已经养成了习惯。

这几件宝，过去它是将军的持家之宝，如今已成了育人之宝、传家之宝。

将军的五个孩子小时候个个艰苦朴素，忠厚老实、刻苦学习。在学校里都是"三好学生"，到部队都是好战士，好干部。五个孩子先后加入了中国共产党。他们从不炫耀自己，踏踏实实地为党、为人民奉献着自己的一切，没有什么人知道他们是将军的儿女。他们都承认能有今天的进步，是这家传三件宝的功劳。

老红军李承祖

　　早年参加红军并跟随党中央毛主席走完了二万五千里长征的李承祖，不讲功劳、不要待遇，于1959年离开了部队，把行李背回了阔别多年的家乡。

　　第二天他就到公社去报到。年轻的公社书记在满头花发的革命前辈面前，面有难色地说："老前辈，您看搞什么工作合适？"

　　李承祖爽快地说："一切听从党的安排！"

　　公社书记想了想说："公社鲜鱼加工场，您愿意去吗？"

　　李承祖笑呵呵地回答说："我从小生在水乡，知鱼性、识水情，合适，合适。"

　　从这天起，李承祖担任了这个场的场长。他这个场长并不把自己关在办公室里发号施令，而是每天这儿走走，那儿看看，很快就掌握了场内的生产情况。

　　几天过去了，他开始对工场的工作进行整改：鱼缸要分类排队，晒鱼要大小分开，晒鱼和收鱼都必须注意卫生等。他每天都参加加工场里的劳动，剖鱼、刮鳞、盐腌，他样样在行，而且干得比年轻人还快。大家都说："他呀，还是当年红军那个样，劳动本色没有丢！"

　　后来鲜鱼加工场停办了，他又去澹水河上摆渡。站在澹水河边，他想起了当年和战士们划着竹排抢渡金沙江的情景。心里想，那时是为了革命胜利而"抢渡"，如今，是为人民的方便而"摆渡"，一定要拿出当年的劲头，撑好这只船，不能让人民感到有一点不便。

　　他撑船极为尽心，甚至把铺盖也搬到了船上，他还让老伴把饭送到船头。不论白天黑夜，不管刮风下雨，什么时候有人要渡河，他就什么时候把船划过来将人送到对岸。

越是节日来临，船就越忙。李承祖从不肯休息。1965 年的中秋节，李承祖的孩子得病死了，他把孩子安葬后，就含着眼泪上了船。下午他的姐姐来了，老伴几次催他回去，可他只顾在河中往返地划着船，直到两岸不见一个人影才离开。

在这条河上，在这只木船上，深受人们尊敬和爱戴的李承祖不居功自傲，不求特殊，划过了一个又一个寒暑，在风风雨雨中，一摆渡就是 5 个年头。有人扳着手指算了一下，这 5 年间他渡送客人达 20 万人次，在水上走了 25 000 多里路。

人们都称赞李承祖，说他在社会主义建设的征途上又走了一个新的"二万五千里长征"。

君子以俭德辟难。

【出处】《周易·否》。

【大意】君子用俭朴的德行来避免危难。

【注】《周易》含有朴素的辩证思想，有许多地方阐述事物变化的道理。这句话就有辩证的思想。一方面，阐明俭朴的德行有助于防患于未然，防止奢靡腐化等行为；另一方面，在面临危难的时候，特别是在面临物质匮乏的困难时，具备俭朴的德行有助于克服危难。《周易》的作者认为，天地万物都有顺与不顺、通与不通之时，不顺不通，就要修身养德，不能过分彰显自己，以渡过难关。

老英雄郅顺义和战士们一起干活

老英雄郅顺义是董存瑞的战友，是战功卓著的战斗英雄。但他从不居功自傲，在和平建设时期，他又以普通劳动者的姿态出现。作为师级首长他从不脱离劳动，越是艰苦的劳动，他越是抢在前头。

在他担任管理科副科长的时候，有一次，他带领一支小分队破冰打鱼。当时，正值数九隆冬，滴水成冰，天气十分寒冷。他一边指挥战士们破冰，一边挥动着冰穿子干得满头大汗。捞鱼的时候，防护手套不够用，他就把自己的手套让给别人戴，自己却光着手干，手上沾的水被西北风一吹，结上了冰茬，两手都冻得又红又肿，不知有多疼呢。第二天，他照样又干了起来。郅顺义以自己的模范行动带动了全队战士，他们艰苦奋战了两个多月，终于圆满地完成了任务。战士们都说："和老英雄一起干活，我们浑身有使不完的劲。"

郅顺义担任师后勤部副政委时，他带部队到某工厂执行任务。他很少坐在办公室中，经常深入车间，在车间里同工人一起劳动。有很多活儿他都很在行，因而，他与工人之间的感情很亲密。老英雄郅顺义不论担任什么职务、不论走到那里，都是这样亲自劳动以带动大家。下厨房，他争着淘米做饭；到了养猪场，他抢着煮猪食、起猪粪；住在招待所，他主动打水扫地。勤劳节俭、埋头苦干，是他的革命本色。

熟悉郅顺义的干部和战士们都说："老英雄总喜欢和我们一起劳动，

一点官架子都没有。"

郅顺义（1918—2005），1918 年 5 月 30 日生于河北省丰宁县黄旗镇东湾子村，1947 年参加中国人民解放军，次年加入中国共产党。在解放战争中，他历任战士、爆破组长、班长等职。1948 年 5 月 25 日，在解放河北隆化的战斗中，他掩护董存瑞完成爆破任务，立大功一次。他先后荣获 "毛泽东奖章" "勇敢奖章" "艰苦奋斗奖章" "模范奖章" 等。1950 年出席全国英模代表会议，被授予 "全国特等战斗英雄" 荣誉称号。

徐悲鸿买房

　　徐悲鸿先生是我国的杰出画家。他在艺术创作上勤练笃学的精神，足为大家模范，他的克己节俭也是大家的榜样。

　　徐悲鸿先生为国家创造过巨大的财富，他曾经无数次慷慨地帮助了许多人，但是他对自己永远严格和节俭。在临逝世之前，他身上穿的只是一套洗得褪了色的灰布中山装和一双从旧货摊上买来的旧皮鞋。一块用了30多年的旧怀表，曾经日夜不停地伴随着他度过了30多年艰难的岁月，直到他停止了呼吸，这块怀表也才停止了转动。

　　1943年，徐悲鸿在重庆中央图书馆举办了个人画展。这次画展卖出了一部分画，这些画所得的画款很多。他照例是帮助一些穷朋友、穷学生购买书籍字画。许多人来向他借钱，他都慷慨地赠给。他年轻时的痛苦遭遇使他永远同情处于困境中的人。

徐悲鸿先生长期过着艰苦的生活。他在中国美术学院工作的时候，吃着集体伙食，和大家一起包饭，他吃的常常是发霉的"平价米"，喝的是田地里的水。他只有一间不大的卧室兼画室，室内有一张充当画案的写字台。一张木床、一个木柜、两把藤椅，而且这些家具还都是未曾油漆过的。他在冬天总是穿着一件蓝布棉袍，夏天穿着夏布衫，从不穿绸料衣服。有时，有重要的社会活动，他才穿西服。他的自奉之俭，是令人难以想象的。

1946年，徐悲鸿和夫人来到北平，他们租住在东裱褙胡同22号的东西厢房里。房屋的主人住在北屋，他们有时邀人打麻将，直至深夜，夜阑人静之际，客人散去时，一片喧嚣，吵得徐悲鸿夫妇不能安眠。

徐悲鸿夫妇于是想租一个比较安静的住处。一天，北平艺专一位总务科的职员告诉徐悲鸿夫妇，说有一处很安静的住房出租，地址离东四牌楼不远。他已提前去看过，觉得很适合他们夫妇住，于是，由他带领徐悲鸿夫妇一同去看房。像北京许多讲究的住宅一样，这座住宅有两扇朱红油漆的大门；大门两旁立着一对昂首的石狮子，显得很气派。走进院内，房屋确实宽敞整洁，油饰一新，画栋雕梁，十分美观；院内植有花木，异常幽静。朝南的北屋宽大明朗，室内家具齐全，有雕花的嵌大理石红木书案，正可作徐先生的画案；还有上等的席梦思弹簧床，式样新颖的沙发，色泽雅致的地毯，长垂及地的金丝绒窗帘，等等。房主人极愿意以较为低廉的房价出租，但是徐悲鸿先生回绝了。他的夫人惊讶地说："回绝了？这样好的房子你还觉得不行？"徐先生说："不是不好，而是太好了，房子过于富丽堂皇了，这不是我这样身份的人住的，我们应该有书生本色。"

后来，他们仍旧回到东裱褙胡同的房子里，直到这年年底，他们才租到小椿树胡同9号的一所普通的四合院房并搬了进去。房屋陈旧，院子不大，院内仅有一棵小小的槐树，他们在这里住了将近1年，直到有一天院墙忽然倒坍，他们只好另觅住处，才搬到东受禄街16号。

东受禄的房子是徐悲鸿用卖画的钱买下来的。房屋并不十分宽大，但院内有宽阔的空地。院内杂草丛生，一片荒芜，徐悲鸿夫妇搬进来后，自己动手，铲除了杂草，种上了许多果树。还种了许多蔬菜。那些鲜红的番茄、碧绿的黄瓜、紫红色的苋菜和紫苏，既点缀了他们的院子，又成了他们餐桌上的美味。徐悲鸿先生在工作之余，常在院子里劳动，给那些果树苗和蔬菜浇水施肥……

　　徐悲鸿自奉之俭，是值得敬佩的。

历史小链接

　　徐悲鸿（1895—1953），江苏宜兴人，生于中国江苏宜兴屺亭桥。中国现代美术事业的奠基者，杰出的画家和美术教育家，尤以画马享名于世。其自幼随父亲徐达章学习诗文书画。1912年17岁时便在宜兴女子初级师范等学校任图画教员。1916年入上海复旦大学法文系半工半读，并自修素描。先后留日、法，游历西欧诸国，观摩研究西方美术。1927年回国，先后任上海南国艺术学院美术系主任、中央大学艺术系教授、北京大学艺术学院院长。1933年起，先后在法国、比利时、意大利、英国、德国、苏联举办中国美术展览和个人画展。

宋庆龄的"八卦衣"

　　宋庆龄是一位伟大而又平凡的人。说她伟大，是因为她的地位高、声誉大；说她平凡，是因为她的生活俭朴如同平常百姓。

　　宋庆龄的饮食很随便，从不挑食。除了举办宴席会见宾客外，她自己从不点菜。平时吃的菜很普通，一般是两菜一汤，一荤一素，就足了。有时菜做多了，一顿吃不了，她就嘱咐工作人员留着下顿再吃。宋庆龄最爱吃的菜是富有江南风味的雪里蕻咸菜，这种菜不太贵，每年上市时，她都要腌两大缸，可以吃很长时间。她还爱吃辣椒，许多菜都放上辣椒吃，她平时吃的是青菜，吃大锅菜。有时，工作人员单为她做的菜她不吃，却要吃工作人员用大锅做的粗菜粗饭，她不止一次地说："我愿意吃青菜，青菜营养价值可高呢！鱼翅海参听听很了不起，其实吃吃也没有什么大不了的。"

　　宋庆龄的房间陈设简朴而又整洁，她在上海的家中，卧室正面是

个五斗橱，五斗橱上面挂着她和孙中山先生的合影。卧室里还摆放着大立橱、梳妆台和一只沙发，再就是一张卧床。卧室的对面是一只专门放置文房四宝的茶几，右边是一架古老的钢琴，旁边还安置着一架英文打字机。她在北京的住房也很简单，宽敞的卧室里放着写字台、沙发等常用的几件家具，还有一架钢琴，看不到一点豪华排场的地方。

宋庆龄的服饰也是很简朴的。她头上常佩戴的一种黑的发卡，不是乌金之类的贵东西，而是几分钱一个的钢发卡。她一直到逝世前还用的一套梳妆用具，竟是出嫁时的陪嫁品。宋庆龄穿衣既讲究整洁，又爱惜衣服。家里总是备有两套服装，在家时，穿普通衣服，遇到外事活动或去会见客人、出门开会，才穿上质地好的衣服。宋庆龄穿的衣服大都是她和李燕娥等工作人员一起做的，样子自己设计，草图自己绘制，几乎全是具有我国传统特点的女服式。随着年龄大了、身体胖了，就把原来的衣服从腋下开个缝，接个边，加加肥，照样穿着。有一年，宋庆龄身边的工作人员见她常常深夜工作，怕她受了凉，提出要给她做一件御风寒的宵衣，她高兴地同意了，但没有拿出现成的布料来做，而是翻找出一些零零碎碎的普通布料和绸缎边角，用26块布拼凑了一件风衣。工作人员看见这五颜六色的风衣，风趣地称它"八卦衣"。宋庆龄也高兴地说："别小看这八卦衣，披上它还挺御风寒呢！"

历史小链接

宋庆龄（1893—1981），伟大的爱国主义、民主主义、国际主义和共产主义战士，举世闻名的20世纪的伟大女性。她青年时代追随孙中山，献身革命，在近七十年的革命生涯中，坚强不屈，矢志不渝，英勇奋斗，始终坚定地和中国人民、中国共产党站在一起，为中国人民的解放事业，为妇女儿童的卫生保健和文化教育福利事业，为祖国统一以及保卫世界和平、促进人类的进步事业而殚精竭虑，鞠躬尽瘁，做出了不可磨灭的贡献，受到中国人民、海外华人华侨的景仰和爱戴，也赢得国际友人的赞誉和热爱，并享有崇高的威望。

鲁迅生活俭朴

鲁迅先生爱生活、爱劳动，在日常生活中具有劳动人民勤劳和俭朴的作风。在家里他自己砸煤、出门他自己拿行李，不论什么劳动，只要他力所能及，总不辞劳苦地全力以赴。在发觉自己的体力不支时，他想到的是要赶快做，而不是先坐下来休息。

一直到逝世的前两天还在写《因太炎先生而想起的二三事》的鲁迅先生，给我们留下了约670万字的遗著。这是他30年文学生涯笔耕劳动的成果。30年间，他每月平均有将近两万字的写作，还要给相识与不相识的人逐行逐字地校阅稿件，替别人抄写稿子、编排、校对、设计、跑书店和印刷所等等，这些劳动是不能以数字来计算的。

鲁迅先生有不少除文字工作以外的一些劳动，比如，他寄给人家的信件，信封往往是用别人寄给他的信封翻过来糊制的。他每次接到邮包，总是小心地把邮包拆开，将包装纸按大小叠在一起，有的用来糊信封，有的用来包书，就连扎邮包的绳子，他也要细心地解开放好，准备寄书时用。

鲁迅先生的吃穿都是很俭朴的。他日常吸的烟、吃的糖，都是"廉价"品，吃得好一点不过是鸡蛋炒饭。他爱吃生黄瓜、脆花生、沙炒豆之类的食物。鲁迅先生平时只穿旧布衣，裤子总是单的或夹的，有的裤子膝盖处已经打了补丁。有一条在日本留学时做的裤子，一直穿了20多年。一年四季，鲁迅脚上总是一双橡胶底的帆布鞋。床上的棉被也是多年的老棉胎，睡的硬板床也从不愿意换藤绷或棕绷。

鲁迅在女子师范大学讲课时，不像许多教授那样，或者长袍马褂，或者西装革履，而是穿着已经打了补丁的褪了色的夹袍，挟着一个半新不旧的印花包袱去上课。在讲台上，他打开包袱，从里边拿出讲稿，就津津有味地讲开了。他讲课通俗易懂，深刻尖锐，颇有风趣。同学们都盼望着听他的课，期待着他打开那红地印有黑色条纹的花包袱。同学们说："鲁迅的布包里什么都有，就是没有一点儿虚假。"

历史小链接

鲁迅（1881—1936），原名周树人，浙江绍兴人，字豫才，本名周樟寿，字豫山、豫亭。以笔名鲁迅闻名于世。鲁迅先生青年时代曾受进化论、尼采超人哲学和托尔斯泰博爱思想的影响。1904年初，入仙台医科专门学医，后从事文艺创作，希望以此改变国民精神。鲁迅先生一生写作计有600多万字，其中著作约500万字，辑校和书信约100万字。作品包括杂文、短篇小说、评论、散文、翻译作品。对于五四运动以后的中国文学产生了深刻的影响。毛泽东主席评价他是伟大的文学家、思想家、革命家，是中国文化革命的主将。

"吝啬"的父亲陈嘉庚

陈嘉庚是我国著名的爱国华侨，1874年生于福建省厦门同安县集美社（今属厦门市）。他一生热爱祖国，曾为国家的独立、民主、富强、进步而不断斗争。辛亥革命时，他加入了同盟会，募款支持孙中山的革命斗争；抗日战争中，他先后建立了"南洋华侨筹赈祖国难民总会"和"新加坡华侨抗敌后援总会"，发动华侨参加抗日斗争；解放战争中，他领导"星州各界促进祖国和平民主联合会"，积极支持祖国的民主运动。新中国成立后，他曾任华东行政委员会副主席、中华归国华侨联合会主席，并当选为全国人民代表大会第一、二届常委，全国政协第二、三届副主席。

陈嘉庚出生在商人家庭，他17岁时跟随其父陈如松远渡重洋到新加坡经商。由于他经营有方，在华侨中比较早地兴办起橡胶种植业和加工业，并大规模地经营房地产业和航运业，成为世界闻名的百万富翁：拥有橡胶园和黄梨（菠萝）园15000英亩、各类工厂30余所、国内外分店百余家，其资产遍及新加坡、马来西亚、泰国、爪哇、印度等地。

陈嘉庚虽然富有，但他始终以奢侈浪费为耻、以艰苦朴素为荣，不仅自己生活俭朴、自奉甚微，而且严格要求子女。每个孩子读书期间，只能得到父亲提供的基础生活费——每月8块银元，如不知节省，随意超支，就要遭到严厉批评。

陈嘉庚的儿子阿国在中学读书时，年纪小，花钱无计划，有一个月从父亲的集通银行多支了10块银元。这件事，刚好被回厦门清理账目的陈嘉庚发现了，他立刻派人把阿国找来，进行了一次严肃的教育。他开门见山地问阿国："你嫌我每月给你8块银元作生活费太少了吗？"阿国点点头，以为爸爸要征求他的意见，为他增加一些生活费。谁知这时陈嘉庚十分气愤地说："你一个中学生，每月8块银元还不够花，可是集美师范许多穷学生，一个月才拿4块银元的助学金，甚至有的学生还要节省一半寄回家，你真会花钱呀！"

儿子阿国不解地说："我和他们不一样！我……您有几百万元的家财呀！"陈嘉庚火了，举起拐杖指着儿子说："不错！我有几百万元家财，完全可以盖豪华的别墅，可以养得起大批奴婢，可是，我要把它用于社会，决不让子孙挥霍！"他命令儿子每月扣回两块银元，5个月内必须把多支的10块银元扣清。

陈嘉庚先生始终坚持不让孩子随意侵吞他的钱财，一旦发现哪个儿女向他公司借钱不还，他都要训斥一顿后，令其按期如数奉还。他还坚持只要儿女长大就业后，就不再资助他们钱财，让孩子自己去体会生活的艰辛，靠自己的力量去创造生活。

陈嘉庚对自己、对子女如此"吝啬"，对祖国却十分慷慨。他曾说，旧中国"门户洞开，强邻环伺，存亡绝续，迫于眉睫，吾人若袖手旁观，放弃责任，后患何堪设想"，"余久客南洋，心怀祖国，希图报效，已非一日"。从1913年起，他在集美、厦门、闽南、新加坡，先后创办和赞助了许多学校。

在集美，他创办的初级学校有男女小学和幼儿园；中等学校有师范、中学、水产、航海、商业和农林学校；高等学校有国学专科和水产商船专科学校；另外还创办图书馆、科学馆、体育馆、医院、农林试验场和教育推广部等。

在厦门，他于1921年创办了厦门大学；在闽南，他通过集美学校的教育推广部倡办和补助了两所中学和七十多所小学。

为了振兴中华的事业，陈嘉庚是何其慷慨。他一生捐献的教育经费，相当于他企业全盛时期的全部不动产，折合人民币一亿五千多元！正如他所说的："金钱如肥料，散布才有用。"解放后，国家给他月薪三百元，他除了每月十五元伙食费外，全部存入集美高校会计处，作为公用。他自己依然节俭如初，不嗜烟酒，衣服、鞋袜、蚊帐、布伞，都是补了又补。他不求个人的声誉，反对用自己的名字命名任何建筑物，他求的只是中华的崛起、腾飞……

历史小链接

陈嘉庚（1847—1961），企业家、教育家、慈善家、社会活动家，福建同安县集美社人（现厦门市集美区），厦门大学、集美中学、翔安一中、集美学村、翔安同民医院等，均由陈嘉庚创办。成长于郑成功抗清复明故垒的陈嘉庚一生具有强烈的爱国情怀，为辛亥革命、民族教育、抗日战争、解放战争、新中国的建设做出了卓越的贡献。生前曾被毛泽东称誉为"华侨旗帜、民族光辉"。厦门大学、集美大学（前身为集美学村各校）两校师生都尊称其为"校主"。晚年的陈嘉庚，请人在鳖园刻录"台湾省全图"，念念不忘国家统一！

闻一多节衣缩食支持抗战

闻一多是著名的爱国诗人、学者、英勇的民主战士，1946 年 7 月 15 日在昆明被国民党特务暗杀。

1940 年冬天，一贯执行消极抗战、积极反共政策的国民党反动派，不顾国家与民族的利益，又丧心病狂地发动了第二次反共高潮，罪恶的行为使闻一多震惊。

闻一多先生当时是西南联大的中文系教授，由于国民党反动政府的统治更加反动、更加贪污腐化，因此使得像闻一多先生这样依靠薪水维持生活的人们，普遍陷入了生活艰难的阶段。物价越来越高，薪水越来越少。

在这种艰苦时期，有的教授、专家经不住艰苦的考验，为了追求一点物质享受，改行去干赚钱的事；还有的脚踏两只船，挂着教授的招牌，不时来往于渝昆道上，到重庆去乞求国民党政府给予一点施舍……

"这都是可耻的行为！只能享受国家的优待，不能分担国家的苦难！"闻一多严厉地谴责了这样一些知识分子。他屹立在物价的重压下，继续从事着自己的工作。

万恶的日寇，在国民党反动派的第二次反共高潮失败之后，又加紧军事进攻，继续对后方城市实行"疲劳轰炸"。昆明人民跑警报，成了每天例行的而且几乎是定时的"任务"了。闻一多在城里租不起房子，夫人身体多病，孩子又小，跑警报担心害怕，在城外找房子住也不容易，后来总算在昆明西北郊的普吉镇，同闻家骅教授及其弟兄两家十多口人租到两间破楼，勉强住下。楼下前面是客栈，后面是豢养牲口的地方，风吹或日晒都会卷来冲天的臭气；碰上雨天，雨点就从瓦缝里滴到室内。白天黑夜吵吵嚷嚷，赌博吃酒的吆喝、打架咒骂的声音，使得他们不能好好工作，也不能好好休息。

房子太小，闻一多一家便都睡在楼板上。每天，闻一多都起得很早，趁这安静的时刻，抓紧时间工作。等孩子们都起来了，他就把被单拉直叠起，然后就轻轻扫地。就像他在从长沙到昆明三千多里的路程中得到了步行经验一样，现在又有了扫地的经验了。孩子们常常抢着干活，热情很高，可常常扫得灰尘四起。他就接过扫帚，对他们说，扫地也要好好学学，不能洒水，因为水把灰尘凝成了泥块，扫不干净；扫地又不能乱用力，否则会使灰尘飞扬起来。

昆明虽然四季如春，但缺乏阳光的破楼上却阴暗得使人难受。冬天来了，他常常抱着毯子，领着夫人孩子们到镇外河滩边的草地上晒太阳。他自嘲地说："不是营养差了吗，就让我们向阳光找补偿！"

日子一天比一天艰苦，但他勒紧肚皮，仍然坚持了下来。他应付第二期艰苦的办法，便是和饥饿作战，三顿干饭改成两顿，两顿还不行就吃一顿干饭一顿稀饭。那特制的"一锅炖"，也早有了变化：油花越来越少，白菜粉条也被淘汰，"白肉"也以豆渣代替。

有时他领着孩子们到田里捕捉蝗虫，拿回来炸一炸，加点盐，当大虾咀嚼。但是，炸"大虾"太费油，不能常吃。后来，便到河沟里去捉田鸡，放在锅里，他管这叫"鸡汤"。每次吃"鸡汤"时，他总是很风趣地说："这不花钱，还很有营养，味道也很鲜哩！"

柴炭太贵了，烧热水不经济，早上他总是带着孩子到村边小河里去洗冷水脸。

村子到昆明有二十多里路，坐马车要费钱，他就提着手杖，背着书包，步行进城，在城里住一宿，当天下午和第二天上午连着把课上完，又步行回去。刚到昆明时，他常穿的那件很体面的黑缎马褂，早就送到拍卖行去了。

虽然生活如此困难，但他从不祈求别人同情，从不要求亲友帮助，更没有丝毫怨言。有一个年轻时候的"好友"，抗战前就投靠国民党政府，已经当到大学校长、教育部次长等高官，多次想拉闻一多到官场去。一次，这位"好友"因公来到昆明，专门来看望闻一多。他一见闻一多清贫如洗的处境，又一次提出老建议——何苦如此为难自己嘛！至少也去重庆休养一段时间，他负责接待。闻一多回答说："论交情，我们是几十年的老朋友，过去不分彼此，你来我往，也是常事。不嫌清贫简陋，我愿意留你小住，但你那儿我不能去！""好友"问他为什么，他说得很简单："你那儿同过去不一样了，那是衙门，那里有官气！"

饥饿、贫困、疲劳地步行，并没有使闻一多放松所承担的工作。在学校里他一直是最受尊敬的教授之一。从不因私事耽误学生的学业，从不浪费上课的时间。虽然每次上课来回要走几十里路，但他总是准时走进课堂，拍一拍身上的尘土，便翻开书卷和手稿，开始那充满风趣的讲课。从那和悦的脸上，人们很难感受到他正在经受着十分艰苦的折磨。

历史小链接

闻一多（1899—1946），汉族，原名闻家骅，又名多、亦多、一多，字友三、友山。中国现代伟大的爱国主义者，坚定的民主战士，中国民主同盟早期领导人，中国共产党的挚友，诗人、学者、民主战士。新月派代表诗人，作品主要收录在《闻一多全集》中。中国文化革命的主将。

"雷锋式干部"黄显万

  黄显万是某军后勤部副政委，先后荣立过二等功 3 次，三等功 8 次，出席过第二次全国社会主义建设青年积极分子代表大会，曾被沈阳军区树为"学雷锋标兵"，被济南军区命名为"雷锋式干部"。他无论是当战士、基层干部，还是在领导岗位，始终保持艰苦奋斗的精神，过着俭朴的生活。

  新任某军后勤部副政委的黄显万背着背包，带着行李，到军机关报到处报到。公务员小吕打开背包铺床时，不禁怔住了，背包里的东西几乎和战士的一样多，而且被子、床单、衣服全是旧的，没有枕头，只有一个布袋，里面塞着几件衣服。莫非首长晚上就枕着它睡觉？小吕以为首长忘了带枕头，悄悄跑到招待所借了一个。黄副政委知道后，又让小吕把枕头送了回去。晚上睡觉时，他果真就枕着那布袋。

  这个"枕头"已经伴随他多年了。他当战士时配发的白布床单补了又补还舍不得丢掉；一副手套戴了七八年；一件 1964 年发的绒衣一直没再换领过；一床黄军被、垫褥已经用了 10 多年。

  黄显万的家里除了配发的家具外，属于他自己的只有一个柳条包、一对木箱、一个碗柜、一张饭桌和四只小凳。去年他爱人放在纸箱里的书籍被老鼠啃坏了，他才做了一个兼放衣服的书柜。

  黄显万平时舍不得乱花一元钱，但当他看到许多基层干部和战士家庭经济困难时，却毫不犹豫地把自己积存的 300 元交给了团党委，请求团党委作为救济款发给经济困难的同志。

  黄显万当指导员时，战士陈金福的哥哥因住院欠了一笔债，母亲也生病了。黄显万以陈金福的名义又悄悄寄去了 50 元钱。同时，他还给连里另外两个战士家里各寄了 30 元。1965 年，当他从报上看到吉林市首批知识青年自愿到农村参加社会主义建设时，立即买了两箱书，连同270元钱，寄到了市人委办公室转交给知识青年们。

有一次，黄显万路过一所农村小学，看到破旧的校舍多年失修，师生们放假不休息，顶着烈日自己动手采石修房，他很受感动，当即把身上带的30元钱全部送给了学校，结果自己饿着肚子回来了。

1967年，黄显万夫妇的第一个孩子出生了，他们的经济情况因为孩子的降临很拮据。那年，山西某地遭受特大洪水灾害，黄显万给灾区寄去了100元钱。1974年，正是"四人帮"肆虐时期，农村一片凋敝景象，群众生活很困难。黄显万夫妇又一起把省吃俭用存下的200元钱全部寄给了黄显万家乡的人民。有人曾做过粗略统计，黄显万入伍以后为集体、为群众捐献的钱款至少在2500元以上。

黄显万一再为别人慷慨解囊，扶危济贫，而自己家里却空空如也。有一天他回到家里，女儿小立红神秘地把他拽出门外，指着他家住的那排房子说："爸爸，你看嘛！"看什么呢？他从东看到西，忽然明白了。原来这里住着9户普通医护人员，有7户都安有电视天线，而他们家里还没有电视机呢。

知识拓展

历览前贤国与家，成由勤俭破由奢。

【出处】李商隐《咏史》。

【大意】纵观历史，大到邦国，小到家庭，无不是兴于勤俭，亡于奢靡。

【注】古往今来，成功的创业者大都经过艰苦奋斗的阶段，所以比较注意勤俭节约。但是对守业者来说则正好相反，他们没有经历过创业的艰辛，容易贪图奢侈享乐，最终的命运必然是事业的衰败，国家的灭亡。这是几千年的历史所昭示的真理。

节俭的老教师吴静因

有一位老教师，她的名字叫吴静因。原是济南铁路第一中学的教师。1965年退休后，她主动到济南48中学当了义务教师。几十年来，她做出了显著成绩，曾多次出席省、市积极分子代表大会，中共济南市委授予她"模范共产党员"的光荣称号，被评为"全国三八红旗手"。如今，吴静因已年逾古稀。在这有生之年，她依然以惊人的毅力，忠实地为党的教育事业做出贡献。这里略去她为教育事业呕心沥血的事迹，只叙叙她的节俭生活。

按照国家规定，学校每月要付给她三十多元的工资补差费，她婉言谢绝了。她说："我是个党员，尽力为党工作是我的义务，要说补差，应该补为人民服务的差。"她连续16年尽义务，自愿放弃了六千余元的工资补差费。

吴静因不仅工作不计报酬，而且也不要组织上的任何照顾。有一年冬天，学校派人给她送去几节烟筒，她到学校后勤组付钱，后勤组的同志对她说："你每年连烤火费都不领，这烟筒不收你的钱。"她说什么也不答应，后来还是买了烟筒，送还给后勤组。1979年9月，全国妇联授予她"全国三八红旗手"的称号，并奖给她一台半导体收音机，她把这台收音机送给了学校托儿所，她认为托儿所更需要收音机。

吴静因生活俭朴，一年四季，粗茶淡饭，内衣也是补了又穿。她的女儿见她的衬衣破得无法补了，说："妈，快把它撕了当抹布算了，我给你买件新的。"吴静因却说："傻闺女，撕了多可惜，缝缝补补还可穿的呀。"女儿只好一针一线地为她缝补。

吴静因这么节俭，是因为收入少吗？不！她每月有五十多元的退休金，足够她用。她是把富日子当穷日子过，把节省下来的钱存进了银行。她日积月累，把自己攒下来的 1000 元钱全部交给了党组织，支援四化建设。组织上不收，她急得直流眼泪，说："一个党员应该自觉地分担国家困难，现在四化建设需要大量资金，让这点钱为四化建设发挥一点作用不是更好吗？"

知识拓展

克勤于邦，克俭于家。

【出处】《尚书·大禹谟》。

【大意】在国家事业上要勤劳，在家庭生活上要节俭。

【注】克勤克俭，是我国人民的传统美德。传说中的古代圣贤都是这样做的，他们对于国家大事尽心尽力。大禹勤劳于治水大业，三次路过家门而不入。尧特别关心群众，认为别人挨饿受冻，是自己的工作没有做到家，是自己的过错。古代圣贤的生活却十分节俭，经常穿着粗布衣裳，吃粗米饭，喝野菜汤。由于尧、舜、禹在事业和生活上克勤克俭，所以赢得了百姓的拥戴。

连队的好管家及和忠

及和忠是解放军某团有名的实干家、"二级英模",他被誉为"连队好管家"。

1985年初,团里实行训练编组,及和忠所在的一连与二连合编,战斗班班长都选好了,唯独炊事班长选谁都不干。当时连队生活很艰苦,仓库里没有一粒大米、没有一滴豆油、没有一两猪肉,账面上粮食超支1000多斤,伙食超支700多元。这个烂摊子谁见了不躲着走?正在干部们为难的时候,指导员一拍大腿:"有了,让及和忠干!"

及和忠深知这副担子的分量,但想到战友们进食堂时的失望的表情和叹息,看到指导员那充满信任的目光,他接受了。"这活我干了,但有个条件,给养员也得让我兼。"指导员将了他一军:"一个人干两个人的活,你行吗?"及和忠说:"舍不得气力治不好家,我豁上了!"

为了当好这个难当的"官",及和忠到处学习炊事技术。他勤俭持家,决不乱花一分钱,把钱用于改善连里的伙食上。连队离市里十几里路,别的连队上街买东西都是乘公共汽车或骑自行车,可及和忠却经常用大竹筐和麻袋往回扛。连里给他200元钱,让他买台自行车,他却说:"咱连还不富裕,等以后再说吧!"

"自行车,大麻袋,不问价钱和好赖。"这是自由市场的小商贩,对军人买菜的形容。可及和忠却不这样,他经常了解市场行情,决定购买的时候挨个摊床问,从来不花一分"大头"钱。一次,他碰到一个卖刀鱼的,二指宽的刀鱼最多值7角钱一斤,小贩张口就要1.2元。及和忠漫不经心地说:"这样的鱼我们部队有的是,1.2元卖你100斤怎么样?"小贩一听连忙摇头说:"不要,太贵了。"及和忠说:"我多买你的呢?""8角。""那我全包了呢?"小贩见他两手空空,不像要买的样子，就说："6角!"及和忠赶紧掏钱买下了这 20 千克刀鱼，一下为连队省下 20 多元钱。就这样，要价 8 角的青椒，他花 5 角钱买过；5 角 5 分的干豆腐，他 2 角 8 分也磨了下来。时间长了，附近市场上的小商贩都说道："那个大个子司务长会过日子，最难逗。"

在及和忠的努力下，连队的日子越过越红火。1986 年底，连队伙食结余近千元，库存实物折款 5 000 多元，粮食结余 800 多千克。他的工作精神赢得了广大干部、战士的热情称赞。1986 年初，他被集团军树为"司务长标兵"，1987 年他又被沈阳军区授予"连队好管家"荣誉称号，胸前挂上了一枚金光闪闪的二级英模奖章。

知识拓展

俭节则昌，淫佚则亡。

【出处】《墨子·辞过》。

【大意】节俭就会昌盛，淫逸享乐就会败亡。

【注】在先秦诸子之中，墨子以乐于过类似苦行僧的生活而闻名。他痛恨统治者的骄奢淫逸、靡费财物，提倡节俭。他到处宣扬自己的观点，吸引了大批人做他的弟子，在先秦诸子中独树一帜。

赵春娥勤俭为祖国

赵春娥出生在河南省偃师县赵家岭的一个农民家庭，1966年分配到洛阳市老集煤场工作。由于她在平凡的工作岗位上，一直战斗到生命的最后一刻，做出了不平凡的业绩，1983年2月12日国务院决定授予赵春娥同志"全国劳动模范"称号。

煤场的活，一年到头同黑煤打交道，又脏又累。一些人嫌弃"煤黑子"，借故托关系调走了，赵春娥却不嫌苦不嫌累。她说："轻活重活总得有人干，煤场虽脏、工作虽累，但它关系着千家万户，谁家能不烧煤，谁家能不吃饭？只要工作需要，我情愿在煤场干一辈子！""七十二行，行行都和社会主义建设紧密相连，哪一行都得有人干，咱把后勤工作搞好了，让科学家集中精力搞科研，让工人精神饱满搞生产，这也是为社会主义做贡献！"

1971 年，赵春娥负责在车站看守煤堆。不管严寒酷暑，还是刮风下雨，她都是提前到现场，用一把铁锹、一把扫帚，帮着装车，清理煤场。她把煤底打扫得干干净净，即使撒落到道轨、碎石缝里的碎煤，她也用手一点一点地抠出来，以至于十个手指都被碎石磨出了血。有人计算，她在车站看煤两年，共扫出土煤 50 多吨。有些想占小便宜的人挖苦她说："你扫得比舌头舔得还干净，下辈子还让你扫煤底！"她说："国家的煤我就要扫干净，有我在，谁都别想占国家的便宜。"

1979 年，党中央号召全国职工增产节约。公司党委要求全公司每个职工全年节约 50 元。赵春娥给自己提出一个全年节约 200 元的目标。有人怕她完不成，问她："春娥，你用啥办法节约这么多？"春娥说："办法在人找。我说到就能办到。"

为了完成这个目标，她挖残煤、扫煤底、洗油线、捡破烂、修脸盆、送煤收费运费交公，等等，千方百计地节约点滴。

老集煤场制造蜂窝煤，经常既要运进煤，又要运进土，撒在地上人踩车碾，日子久了，地下一层土一层煤，成了夹馅的"花卷儿"。这年要盖房子了。她想：将来盖起房子，地基下的这些煤不就白埋在地下了？煤矿工人从地下把煤挖出来，运输工人把它运到城市，来得多不容易啊！我们怎么忍心把它丢失？当时已是严冬时节，北风呼啸，寒气逼人，煤场的房檐上挂起长长的冰凌。赵春娥却抡起镢头在地基处刨了起来。她挖一层，清一层，手掌磨出血泡，虎口震裂了，贴一块橡皮膏接着干。到了春节，人家都放假走亲访友，她还在煤场挖煤。在她的带动下，不少人自觉带上工具到煤场和她一起挖起来。光她一人挖出的煤就有 21 吨。

煤场排水沟里，雨天冲进煤粉，天长日久沉积了厚厚一层。炎热的夏天，赵春娥利用午休时间下沟挖出煤浆，又拍成饼晒干送到打煤房。青年工人张桂琴见她的两腿被蚊子咬了一层疙瘩，心疼地说："大姐，看你的腿被蚊子咬成啥样了。"她淡淡一笑说："没事儿。"小张被感动得也和她一块挖起来。

擦机器用的油线，一斤值一块多钱。工人们用脏了随手扔掉，赵春娥见了就捡起来，积少成多，然后洗净晒干重新使用。平时她还注意把丢在地上的废铁钉、废螺帽、废绳头捡起来，卖给废品收购站，所得的钱全部交给会计。

就这样，点点滴滴、斤斤两两地节约，到年底一算账，她一共为国家节约了449元6角5分。

赵春娥在工作上做出了这么大的贡献，她认为是应该的。国家对她的照顾，她总感到太多，总认为自己贡献太小。1981年底，赵春娥因病住院，出院时，口袋里装的是医院开的证明：丧失劳动能力，长期休养治疗。可当她知道住院用去九百多元时，她哭了。她说："我们生产一百块煤才两元多钱，这得生产多少煤才赚得回来！"

出院后的第二天，赵春娥强忍着病痛悄悄地来到车站卸煤的地方，清扫煤底，捡拾撒落的好煤，收集了足有两三吨，然后通知煤场派人拉回去。接着，她又出现在煤场，爬上煤堆捡废旧物资。肝部疼得厉害时，她就用手按一阵，接着再干。就这样，她不顾病重和领导的多方劝阻，更加努力地工作，直到生命的最后一息。

作为一名普通的煤场工人，赵春娥的行动表现出一名共产党员勤俭为国、忘我奉献的精神。她被人们誉为"工人阶级的好女儿"、"闲不住的实干家""为人民服务的老黄牛"。

历史小链接

赵春娥，1935年出生，河南偃师人，中共党员，全国劳动模范。她于1966年在洛阳老集煤场当现场工，1980年加入中国共产党。她工作认真负责，惜煤如金，几十年如一日在车站看守煤堆，注意点滴节约，每天猫着腰用手将漏在石缝里的煤抠出来，十个手指经常磨得鲜血淋淋，硬是捡回150吨煤。她长期坚持干脏活累活，积劳成疾。面对病魔，她依然没有停止工作，还坚定地说："我宁肯倒在煤堆上，决不躺在病床上！我喜欢煤场，也离不开煤场，死后将我的骨灰撒在煤场上，让我看煤。"她助人为乐，是出了名的"活雷锋"，在患癌症期间，仍坚持为五保户、军烈属老人送煤送粮、打扫卫生、操劳家务，被誉为"党的好女儿"。

张玉楼充当义务修理工

　　张玉楼同志在战争年代多次立过战功；建国时期被评为五好干部，受过嘉奖 10 多次；离休后，被县、地区、军分区、省、省军区、北京军区评选为先进工作者、党的好干部、模范工作者、学雷锋积极分子、劳动模范、优秀党员、精神文明建设标兵等 30 多次，还荣立过三等功、一次一等功。1983 年，中央军委授予他"为共产主义奋斗不息的好干部"的光荣称号。

　　1970 年，张玉楼因患有多种疾病，组织上决定让他离休。但他离而不休，自觉担当起义务修理工。在随后的 6 年多时间里，全县 30 个公社，他跑了 29 个，574 个大队，他跑了 314 个，总共行程 22300 多里，其中步行 8000 多里。修理汽车、拖拉机、水泵、面粉机等农机 310 多台，自费购买技术书、工具和添补新零件，花费 630 多元。在不到 3 年的时间里，给群众修理了各种牌号的缝纫机 849 台。

　　1974 年清明节，张玉楼回老家扫墓。在离开父母墓地回到村子时，他意外地发现，村里有两台柴油机，因没人修理，坏在那里已经不能使用了，他决定去试一试。他拆开机器一检查，发现主轴瓦烧了，飞轮键槽损坏了。于是他另开了一个槽，换了个主轴瓦，一试，机器转动了。修了两天半，把两台柴油机救活了，机器的转动声震动了全村，它又能磨米磨面了，全村人人欢欣鼓舞，各个兴高采烈。

张玉楼修好两台柴油机的消息，传到了四邻八乡，附近的村庄都派人来请他过去修机器。张玉楼这次回乡，本打算住两三天就离开，结果因为修理机器住了近一个月才离开。从此，他不顾自己多病的身体，自觉担当起全县的义务修理工。五台县素有"华北屋脊"之称，五台山从北到南绵亘全县，高山连着峻岭，陡壁围着群峰。大部分村庄坐落在高山和山沟里，交通十分不方便。有的村子，要翻过几座大山才能到达。张玉楼在战斗中负过伤，患有胃病，得过肝炎、大肠出血。他背着工具箱，翻山越岭，走村串队，为群众修理机器。他发扬战争年代那股劲、那种拼命精神，足迹踏遍了五台县的公社、大队；他的汗水洒遍了五台县的乡土。他顶风冒雪、跋山涉水，饿了吃干粮、渴了喝山泉水、累了躺在山上歇一会儿……

他就是这样长年累月在乡下工作，为共产主义奋斗不息！

历史小链接

张玉楼，模范干部。山西五台人。1945年参加八路军。1948年加入中国共产党。曾任铁道兵学校排长、连长和实习工厂厂长。曾多次立功受奖。1970年离职休养，自愿回五台山区安家。他不顾病痛，义务参加家乡建设。自备工具，翻山越岭，为244个生产大队和当地群众修理农机具、缝纫机等。自编教材，协助地方培训农机手800余人。曾被评为优秀共产党员、雷锋式的干部和建设社会主义精神文明标兵，立一等功。1983年被中央军委授予"为共产主义奋斗不息的好干部"称号。

老英雄孟泰的钢铁仓库

　　孟泰是新中国第一代钢铁工人。他从旧社会的奴隶成为新中国的主人，对党有着极其深厚的阶级感情。在鞍钢恢复生产的日日夜夜里，他以主人翁的精神始终战斗在工作岗位上，建立了不朽的功绩。在新中国第一代劳动模范的英雄谱里，永远记载着他光辉的名字。

　　鞍山解放初期，由于日本侵略军撤退时毁机器、炸高炉，妄图使工厂变成一片废墟，以用经济卡住我们的脖子。国民党官员们后来在解放军的强大攻势下，预感到末日到来，拆机器、卖机床，中饱私囊，把钢铁厂糟踏得更加破烂不堪。当时留用的日本技术员曾断言："你们要恢复生产？还是把炉子拆了种高粱吧！"

　　面对日本人的嘲笑，孟泰心里像着了火。他想："工人不出铁，就像农民不收粮食。"他整天在厂里徘徊，从他那焦虑的神情中可以看出，他恨不得把冶炼铁水的火种立即投入炉膛，让高炉立刻燃烧起熊熊烈火，流淌出通红的铁水。他围着高炉转了一圈又一圈，忽然，不知踏到什么东西上，他弯下腰捡起来一看，是一个三通水门。顿时他眼睛一亮，似乎想起了什么，马上连踢带扒，不一会儿，找到了好几件备品。这些是修复高炉所急需的宝贝。此后，他不管白天黑夜、刮风下雨，跑遍了鞍钢几十里厂区，刨冰雪、抠备件、扒铁堆、找材料，手碰破了不喊疼，脚冻坏了不叫苦。每天，他泥一把、油一身、汗一脸，捡了成千上万个零件，在高炉脚下一座过去存放工具的简陋铁房里，建起了全国闻名的"孟泰仓库"。在全国瞩目的决定鞍钢恢复生产的第二号高炉修复中，他提供了各种型号的三通水门1300个，加速了二号高炉恢复生产，使帝国主义预言家"鞍钢只能拆了种高粱"的断言彻底破灭。

二号高炉出铁后，他的劲头更足了，不管是雨天、雪天，还是白天、黑夜，他饭顾不上吃、觉顾不上睡。眼睛熬红了，身体累瘦了，他满不在乎，仍然是泥一把、油一身、汗一脸地干，每天他都手提肩扛回来一堆旧材料。

大面上的废旧器材回收得差不多了，费劲的就是寻找那些被遗忘在旮旯里的器材了。一些破破烂烂的东西扔得到处都是，但真正有用的东西并不是好找的。一些好的备品备件，被日本侵略者和国民党接收者们败坏得不成样子。特别是临解放时，他们把好的备件收集到一起，有的拉走卖掉，有的被运到国外，而有的却被工人们不忍心让这些宝贝都落到这些人手中，便把它们藏起来，甚至挖地三尺埋起来或扔到深水坑里。时间一长，也就忘掉了。孟泰便多方打听，寻找线索，只要一有线索，他就算下深水坑捞、挖地三尺找，也要把器材找到。

仲秋的一天，孟泰来到铁厂西面的厂房附近。当时，这儿是有山有水有花有草的。所谓有山，无非是些土包包；所谓有水，只不过是水泡子罢了。而花草呢？却是没腰深的野蒿荒草。孟泰来到这里时，这里静悄悄的一片，没腰深的草丛里，时有野兔子蹿蹦跳跃。他望着附近的其他几座高炉，心情非常沉重：现在国家钱少，购买器材困难。二号高炉出铁了，可还有好几座高炉出不了铁呢！

他看了看小山包和蒿草丛，心想：没准这里藏着"宝贝"呢！于是，他猫腰钻进草丛里，开始了"寻宝"行动。

秋季的蒿草丛中，蚊蝇起舞、小虫成群，他顾不了这些，在草丛里用脚探索着，用手拨拉着。突然，他的脚被什么东西绊了一下，他拨开密草一看，竟是一个三通水门。孟泰真是喜出望外，一下子把三通水门捧在手里，像捧着珍贵的宝物一般，乐得合不拢嘴。接着他又继续寻找，又找到一个大阀门、一个小螺丝……

孟泰把这些"宝贝"用衣服兜着、用手拎着送到一块空地处，又钻进蒿草丛中。不知不觉西半天已被夕阳染得血红。

孟泰钻出草丛时，浑身上下沾满了草刺，简直像个"刺猬"。脸上、手上也被蚊虫叮咬起了一个个小包，一片通红。他用粗糙的大手抹了抹脸，看着这些"战利品"，咧开大嘴笑了。

孟泰转身刚往回走，突然发现水泡中有一个小铁角露出水面。"这是什么东西？"孟泰心想。"我得下去看看！"他把鞋一甩，衣服一脱，就跳进水中。刚走几步，水就已经没到大腿根了。孟泰不会水，他不敢往前走了，心想：这大把年纪的人了，不能冒冒失失的，便又上了岸，抓了一块石头和树枝试探了一下水深，约摸水泡中间的水只能没腰，就试探着向铁角靠去。走到跟前用手一摸，是个大阀门。这下可把他乐坏了："这个大阀门再修高炉时准能派上用场！"

他开始用双手去搬，可一猫腰，头就进到水里了。他就憋足了一口气，把头探进水里，双手猛劲搬阀门。搬了几次却没搬动。

正巧有几名工人溜达到这里。看见老孟泰在水里的狼狈相，便逗趣地说："孟师傅，你在摸鱼呀？""你咋跑到这里来洗澡呢？小心凉着。"孟泰可没有心思和他们开玩笑，他着急地说："快来帮一把，这里有'宝贝'呀！"

听到有"宝贝"，大家不再开玩笑了。两名青年工人急忙跳进水里，连拉带拽把"宝贝"拖了上来。嗬！好一个大水门！

"我当是什么宝贝呢？原来是个大水门呀！"一位小青年嘀咕着。

"这不是宝贝吗？过些日子修复一号和四号高炉，它是宝中之宝呢！"

孟泰和工友们把这些"宝贝"运回来时，夜幕已经降临了。他们相互看看滚得像"泥猴"的样子，禁不住笑得前仰后合。

一天，孟泰来到厂部，听说厂里决定在近期修复一号、四号高炉，厂领导正为缺少资金和难买到设备器材而发愁。孟泰赶忙来到厂长办公室，进屋二话没说，拉着厂长的衣襟就往外走，其他领导和工程技术人员也随他们一起来到小铁房前，孟泰神秘地说："厂长，你把门推开看看!"厂长推开门一看,不禁又惊又喜,满屋子都是修复高炉所急需的器材,厂长激动得紧紧握住孟泰的手,久久不放……

果然,孟泰仓库在修复高炉中创造了奇迹,修复高炉用的管线,没花国家一分钱。这年8月,孟泰在鞍钢第一批加入了中国共产党。

老英雄孟泰和他的先进事迹在中华大地家喻户晓、妇孺皆知。孟泰精神像一面闪光的旗帜,指引中国工人阶级艰苦奋斗,勤俭建国。

历史小链接

孟泰,原名孟瑞祥,曾用名孟宪钢,是新中国成立后第一代全国著名劳动模范,先后担任鞍钢炼铁厂配管组组长、技术员、副技师、设备修理场场长、炼铁厂副厂长、鞍钢工会副主席等职务。他曾先后当选为第一、二、三届全国人民代表大会代表;出席中国工会第七、八次全国代表大会,当选为执行委员。他爱厂如家,艰苦创业,在恢复和发展鞍钢生产中做出了重大贡献,成为20世纪五六十年代誉满全国的钢铁战线的老英雄。

胡阿素的遗嘱

1981 年 2 月 14 日，上海牙膏厂党委按照退休老工人胡阿素的遗嘱，把她生前一分一厘积攒下的价值一万多元的金条、首饰和人民币，全部献给国家。人们称颂她留下了一颗金子般的心。

胡阿素，出生在浙江宁波沿海一个渔民的家里，幼年靠打渔织网为生。抗战前，她随丈夫来到上海当了蚊香女工。后来，抗日战争爆发，工厂倒闭了，胡阿素的丈夫也失业了，她唯一的儿子患上了肺病。一家三口的生活重担都落到了她的肩上。她就像中国许许多多的劳动妇女一样，用她勤劳、节俭、贤惠的美德，承担着生活的重担。她起早贪黑地做工，每天从事着 12 小时的工作，连吃饭也不休息。每天吃饭，她总是带上一小袋米粉，忙里偷闲地吃上一口。但是，尽管她这样拼命地干，还是不能养活一家。没过多少日子她的儿子病逝了，随后她的丈夫也在生活的煎熬下逝世。

新中国成立后，胡阿素开始了新的生活。中国劳动人民勤劳节俭的美德和长期的穷困生活，使胡阿素养成了节俭的习惯。她孤身一人，开始有了积蓄。1955 年，她光荣退休了，国家每月给她 23 元退休工资，并享受劳保待遇，她的生活终于安定了。这个苦了半辈子的女工，从心眼里感谢党、感谢新社会。她退休后，有的人劝她该享享福了，吃点儿、穿点儿，别再苦着自己。但她不这样想，她总是对别人说："我能有今天，都是党和毛主席给的，我现在的生活，要比旧社会好得多了，我现在很满足了。我现在用的钱都是国家给的，我要尽量节约，将来把多余的钱献给国家。"她把富日子当穷日子过，生活俭朴到令人难以相信的地步。她那间 8 平方米的小屋里的东西是那样的简陋，墙角里放着几只板箱，糊在板箱上的纸，由于年代久远，已经黄得发红。

紧靠着板箱的是一只旧得发黑的被柜，窗下放着一张小方桌，地板中央放着一把用各种绳线修补过的破藤椅，床上的被褥都是补丁摞着补丁。无论是谁，见到这一情景都很难想象拥有这一切的主人，同时拥有着万元存款。和胡阿素住在一起的邻居们都说："她真是舍不得吃、舍不得穿、舍不得用。"她住的房间墙上糊的纸因年久脱落，有的同志想帮她重新糊一下，当她知道要花好几元钱时，就婉言谢绝了。她平时基本舍不得吃荤菜，经常买些便宜的蔬菜吃；衣服舍不得买新的穿，总是缝缝补补将就着穿。她一生没有穿过尼龙袜，总是穿线袜，破了就补补再穿。1979年夏天，胡阿素中暑了，别人劝她买一台电扇，她不同意，经过多次劝说，才由厂工会主席帮她买了一台旧电扇。但用了几次，她觉得耗电太多，又舍不得用了。前些年，她趁自己身体比较好的时候，吃水连自来水都舍不得用，大多都是用井水。她去世后，人们在她的遗物中发现厂里五十年代发给工人的防护用品三星牌蚊香、剪刀牌肥皂等，都还没有用完。

对于胡阿素的这些做法，有些人感到不理解，说她是"守财奴"、"吝啬鬼"。但是，她心中早就有了主意，1971年，当她得知自己患了癌症，想到自己的有生之年已经不多了，便委托工会主席及代表代笔，立下了遗嘱，她的遗嘱是这样写的："我在旧社会受的苦是诉不尽的，我现在过这样好的生活，心满意足了。毛主席比自己亲人还亲，我现在吃用都是国家给的，我多用一点是国家的损失，所以，我尽量省吃俭用，积蓄一点钱，放在银行里，到我死后为止，有多少全部交给国家，任何人不得拿。"至此，她过日子更是克勤克俭，把个人的开支压缩到了最低的限度。这样，她每月都有相当数量的钱存入银行。

1981年1月，她的病情加重了，她预感到自己的日子不多了，便把当年和自己一起做过工的小姐妹、共居多年的老邻居和自己的外甥都叫到病床前，把自己一生的积蓄交待给大家。当人们打开箱子一看，都惊呆了，里面齐刷刷地放着一叠叠十元钱，一张张存折，一件件金饰品，合计价值一万余元。这些和她共患难的小姐妹们流下了眼泪，大家都知道，胡阿素要积蓄这些钱是多么不容易，这是一点一点从牙缝里省出来的啊！这是她一生的心血啊！胡阿素拉着小姐妹的手说："这是我的积蓄，金子是我省吃俭用在解放初期买的，现在都交给国家！"有个小姐妹问他，你外甥待你这么好，你是不是留些钱给他，胡阿素老妈妈眼睛闭了闭，想了一下说："我遗嘱都写明了"。

胡阿素这个一字不识的老工人，一个普普通通的劳动妇女，说不出什么大道理，但她凭着朴素的阶级感情，用她认为最简单的、切实有效的方式来表达自己对党、对社会主义的无比热爱。当年，她不能为她唯一的爱子治病的时候，她没有想到将来会有这么多钱，现在有了这么多钱，她却首先想到了国家。从胡阿素的身上，我们看到了老一代工人阶级对党、对社会主义祖国的赤诚之心。

知识拓展

1. 为政之要，曰公与清。成家之道，曰俭与勤。——宋·林逋《省心录》

2. 仁以厚下，俭以足用。——《资治通鉴》卷八九《晋纪十一》

3. 由俭入奢易，由奢入俭难。——宋·司马光《训俭示康》

4. 俭则约，约则百善俱兴；侈则肆，肆则百恶俱纵。——清·金缨《格言联璧·持躬》

5. 唯俭可以惜福，唯俭可以养廉。——清·钱泳《履园丛话·安安先生》

6. 轻而多取，吾宁寡而俭用。——清·李叔同《格言别录》

女博士韦钰的公寓

1981年6月16日，西德亚琛工业大学高频研究所电子学专家、权威云集，来听一位中国女学者进行博士论文答辩。论文内容讲的是"回旋管的大讯号理论"。专家、权威们听了以后，对这篇论文的水平、对这位女学者的对答如流，都给予了最高的评价，她以"优秀"的成绩获得了博士学位。她，就是南京工学院讲师韦钰，是新中国第一位电子学女博士。由于韦钰的研究成果不但为西德在这方面开拓了新的研究领域，而且超过了美、苏在这方面当时的水平，亚琛工业大学为此特别给她颁发了波歇尔奖章，她成了获得该奖章的第一位中国人。

韦钰原计划只是到西德进行一般的进修学习。她的西德导师杜林教授在她完成了最初两项研究课题后，发现这位中国女学者在电子器件方面有相当高的水平，便鼓励她将一般进修改为攻读博士学位，并主动为她申请到了著名的汉堡奖学金。

每月2100马克的汉堡奖学金是西德最高的科研奖学金，韦钰享用两年，已经为国家节省了一大笔外汇。国家规定，出国人员在国外获得的奖学金归获得者个人支配。这样，她的收入就一下子变成了原来的五六倍，大家都开玩笑地叫她"财主"。

根据西德的规定，这样的"财主"，应该搬出收费低廉的学生宿舍，可以住进专为汉堡奖学金获得者提供的公寓，那里有现代化的全套家用设备，地点就在她工作的研究所附近，上下班十分方便。

但韦钰是个"富"而不奢的人，中华儿女勤俭持家的美德在她身上始终闪烁着光芒。搬进新居后，她心里一直不安，每月500马克的房金，她觉得太贵了。在迁入新居当天，她给家中写信说："能省还是要省，虽然现在自己能支配那么多钱了，还要想到国家，我还在找合适的房子。我尽量保证学习条件，有多余的钱为学校购些仪器、器材，我不想为家里多买东西，这点我想家里是能谅解我的。"

韦钰节约措施的第一条就是想法降低房金。她设法找到了一位印度女学者和她同住，这样房金就可节省一半。虽然如此，她还是觉得自己住得太好了。当那位印度女学者回国后，她找不到合适的人同住，又搬了两次家，房金一次比一次便宜。她最后住的是一座旧式楼房第六层的屋顶阁楼，那种老式房子没有电梯、没有暖气、没有浴室，德国人是不愿意住的。在那个阁楼上，她一直住到离开西德回国。因为她总是处处十分节省，外国朋友又给她起了个名字，叫她"节约姑娘"。

韦钰虽身处"财主"地位，却仍过着"节约姑娘"的生活，她用这种方法从她获得的奖学金中节约了12000马克，买了微型计算机及附件，又买了200多千克研究资料，带回祖国，献给南京工学院作科研教学之用。

韦钰这种勤劳节俭、艰苦奋斗的高尚思想情操，激励着许多科技人员不懈奋斗，为此人们称赞她是新中国科技人员的典型代表。

历史小链接

韦钰，1965年毕业于南京工学院电子工程系。研究生学历。1981年获联邦德国亚琛工业大学电子学博士学位和波歇尔奖章。1983年加入中国共产党。1984年任南京工学院生物医学工程系主任。1985年任南京工学院副院长。1986年8月任东南大学校长。1988年9月任全国妇联副主席。1993年6月任国家教委副主任。1998年3月任教育部副部长。1988年获得加拿大康戈迪亚大学荣誉博士。长期从事电子学和生物电子学研究，在生物医学成像理论、金属无损检测理论技术，特别是超声成像方面取得成果，使用计算技术的超声回波探伤系统，1985年获国家教委科技进步二等奖。1994年当选为中国工程院首批院士。2011年5月被授予中国科协荣誉委员。

南京路上好八连

2003 年 4 月 25 日是"南京路上好八连"命名 40 周年纪念日。

40 年沧桑巨变,"好八连"这面旗帜变得更加鲜艳了。从当年脚穿草鞋巡逻在南京路上,到今天投身于改革开放的大潮,官兵们始终以艰苦奋斗为荣,以无私奉献为本,谱写着艰苦创业的新篇章。

"好八连"的优秀传统

历史进入改革开放的新时期,伴随着上海前进的脚步,好八连也发生了巨大的变化。连队有了电冰箱、洗衣机、卡拉 OK……但好八连艰苦奋斗的传统却牢牢地保持着。

进入好八连营区,看不到烟蒂、纸屑;饭堂的墙壁上,"谁知盘中餐,粒粒皆辛苦"10 个大字分外醒目;走廊里的每个电灯开关上都贴着"节约用电"的纸条;炊事班淘米时,在淘米箩的下面放一大盆,将漏在盆里的碎米捞出来……节约一滴水、一分钱、一度电、一粒米、一寸布的传统一直被好八连视为一种宝贵的精神财富,代代相传。

一位军校毕业生刚分到八连,一天,他组织战士们做丢手绢的游戏,游戏后,他就把手绢扔了。不料,第二天这块手绢又回到他的床头。手绢被洗得干干净净,叠得方方整整,撕破的地方还绣了一朵梅花。手绢下面压着的纸条上写着:"尊敬的排长,请收下连队的传统。"

无独有偶,军校毕业的一位"学生官"一次吃饭时,把一粒米掉在桌上,坐在身边的一位老战士默不作声地把米捡起来吃了。这个小小的细节在这位"学生官"的脑海里留下了难以磨灭的印记。

好八连对"三箱一包"(理发箱、木工箱、修鞋箱、针线包)这些

有形的传家宝格外重视。30年来，每年老兵退伍前都要交接。现在木工箱已经传到第19代，修鞋箱传到第21代，理发由过去"单传"发展到现在的15人。全连官兵一直是头发长了自己理、营具坏了自己修、鞋子衣服破了自己补。

条件好了为什么还要发扬艰苦奋斗的光荣传统呢？曾任好八连指导员的李晓明对记者说："艰苦奋斗是我党我军的'传家宝'。革命前辈靠艰苦奋斗创造了辉煌的业绩；今天改革开放，建设有中国特色的社会主义的伟大创业实践，仍需要我们去艰苦奋斗。"

抑制不良影响

当社会上有人用金钱作为砝码来衡量人生价值时，军人的荣誉受到了挑战。生活在大上海这个物质大都市的八连官兵，受到的考验更加严峻。

战士到上海精品商厦当义务售货员，看着顾客们大把大把地花钱，也曾感到"囊中羞涩"。

在南京路参加施工，战士们干得一身泥、一身汗，没有分文报酬，工地上的卡车司机一晚上光加班费就几十元。战士们听后免不了心里犯嘀咕。

八连党支部敏锐地意识到，今天的南京路，类似解放初期资产阶级姨太太向执勤战士扔钱包那种面对面腐蚀的现象没有了。然而，拜金主义的影响，以及背离社会主义价值观念、道德的东西，仍然会潜移默化地"濡"染着战士们。必须引导官兵们直面人生，用光荣传统的力量，抵制一切腐朽思想的侵蚀，永葆革命战士的本色。

抵制不良影响的教育也是潜移默化的。

"金钱既不是幸福的象征，更不是人生的目的，奉献比金钱更有价值。"这话，是八连官兵认识上的升华，更是他们行动的写照。

老战士沈宁要退伍了。临离连队的那天，他去上海第二百货商店买东西时，在柜台前拾到一个精致的钱包，打开一看，里面有70多元人民币，还有一些外汇券和粮票。他想失主一定很着急，就在原地等候了两个小时，眼看归队的时间快到了仍不见人来领，他就赶回连队，把钱包交给了连队领导。

司务长汪学海一次在余姚路菜场买菜，一位摊贩为了拉生意，故意将发票金额多开了几元钱。汪学海问他为什么要这样做。摊主说："你风里来，雨里去，够辛苦的，就拿点辛苦费吧！"汪学海回答说："那怎么行，公家的钱一分也不能拿，给我重新开一张发票。"摊主只好照办。

八连的社会活动多。作报告、做好事，几乎天天都有。官兵们都是自己掏钱买票坐公共汽车，回来从来不要连队报销，长年累月加起来，这也是一笔可观的开支。如果八连给上级打个报告申请一点钱，上级不会不批，但他们甚至连这样想的念头都没有过。因为他们懂得，生活的意义并不表现在对金钱的偏爱，奉献的价值也不能用金钱来衡量。这种品质、这种操守，同那种损人利己、唯利是图的拜金主义是多么鲜明的对比呀！

"好八连"取得优异成绩

好八连官兵认为,在新的历史条件下,保持和弘扬连队的光荣传统不是固守过去的生活方式,强调艰苦奋斗,重在创业。

暑夜,当人们在路边悠闲纳凉时,八连的队伍气喘吁吁地在路上跑步。他们穿着军装,身上挂着子弹袋,背着背包、水壶,肩上扛着枪,一个个如水中捞出来的一般⋯⋯为了增强体质,八连天天坚持早晚练长跑,不管炎夏还是寒冬。

连队从市郊回到市区以后,没有训练场地,干部战士就一起动脑筋,"螺蛳壳里做道场",充分利用狭小的空间搞训练。

为了练瞄准,他们用废旧材料做一根只有正常制式靶五分之一的靶杆。没有标准的投弹场,就用背包带拴在围墙的钢筋上,按投弹要领,练挥臂动作,全连拉断了17根背包带。奋斗使全连投弹成绩提高到优秀水平,其他科目也跃上新台阶。1990年,连队获得警备区步兵专业比武第一名;1991年,5个参考科目全部获得大军区和警备区的优秀成绩;1992年,全连训练成绩总评优秀,连进攻实弹战术演习获全团第一。

好八连的艰苦奋斗的精神在支援地方经济建设中放射出更加夺目的光彩。无论是黄浦江引水工程、30万吨乙烯工程、南浦大桥、杨浦大桥、太浦河水利工程,还是南京路改造、外滩扩建、地铁建设,在建设上海的各个工地上,八连官兵靠奋斗不止的精神在上海人民心中塑造了"南京路上好八连"的新形象。

去年初,繁荣南京路十大工程要求年内竣工,八连战士主动请缨。战士们12小时一班挖土、搬运钢材,人人手上起泡,各个肩上脱皮。雨天,穿着雨衣干活不便,干脆把雨衣脱了,冒雨干活。黄浦区建设局局长陈希安含着眼泪对局机关的同志说:"到'协大祥'工地去看看吧!什么叫奋斗,好八连战士的行动就是活的教科书。"

"好八连"与时俱进

在上海文化馆，由上海《文学报》主办的"壬申元宵诗会"上，暴风雨般的掌声中，八连副指导员许方勇中尉自己创作、自己朗诵的诗歌《上海的速度》获得了这次诗会唯一的一等奖。

谁能想到，许方勇这位艰苦创业的带头人几年前还是一位"诗盲"。又有谁知道他为了写诗，熬了多少夜，放弃了多少节假日，牺牲了多少业余时间，硬是把食指、无名指磨出了老茧。

在好八连，不断充实、丰富自己的，何止许方勇一个。改革开放开阔了好八连官兵的视野，使他们认识到，勤俭节约、埋头苦干和做好事是艰苦奋斗，刻苦攀登科学文化高峰也是艰苦奋斗。而且这种艰苦奋斗将创造出更出色的成果，更可观的效益。

为了满足官兵们成才的强烈愿望，连队开办了"文化夜校"，由 4 名本科生干部任教员，适应发展社会主义市场经济的新形势，连队开办了"社会主义市场经济讲座"；请地方英语老师来教授英语。连队还请复旦大学新闻系老师开办新闻报道系列讲座，请地方音乐老师辅导乐理知识，并经常组织战士参加共建单位举办的理论研讨、知识竞赛、读书演讲、文艺联欢、体育比赛等活动。官兵们写的新闻报道被省市以上报刊、电台采用 21 篇。地方群众反映：没想到一个连队有这么多能人。

科学文化知识丰富了八连艰苦奋斗的内涵，提高了官兵们为人民服务的本领。在支援地方经济建设中，他们讲科学、讲效益，改进施工方法，能用机械的就不用手工，进度和质量总是保持一流。这一桩桩令人欣慰的新事，给老传统增添了时代的光彩。

沐浴着改革开放的春风，好八连这面旗帜高高飘扬，闪耀着新的光彩。

　　南京路上好八连，中国人民解放军上海警备区某部第八连。八连身居闹市一尘不染，始终保持艰苦奋斗优良传统。旧上海是冒险家的乐园。中华人民共和国建立初期，社会情况仍然十分复杂。该连于1949年6月进驻上海市南京路执行警卫任务，坚持人民军队艰苦奋斗的政治本色，抵制资产阶级思想及其生活方式的侵蚀，团结人民群众，出色地完成了警卫任务。全连干部战士勤俭节约，助人为乐，全心全意为人民服务。1963年4月25日，中华人民共和国国防部授予该连"南京路上好八连"称号。话剧《霓虹灯下的哨兵》是对好八连官兵的真实写照。

黄遵宪赎衣服

　　清代著名诗人、政治家黄遵宪一生俭朴，不尚铺张。他曾任清朝政府驻日本和驻英国参赞，还担任过中国驻旧金山、驻新加坡总领事。

　　黄遵宪支持变法、推行新政。在湖南担任按察使时，有一天外出办理公务，不巧天空下起了瓢泼大雨。他伸手摸摸口袋，一分钱也没有摸到，一位朋友看到了，要借钱给他，被黄遵宪拒绝了。他一路小跑，急匆匆返回家去，在一个十字路口，过马路时，突然一辆人力车跑来，黄遵宪躲闪不及，只听刺啦一声，那人力车的前车把将他的衣服刮了一个大口子。

　　回到家中，夫人见他淋得如同落汤鸡，既生气又心疼地问他为什么不坐人力车回来，让雨淋成这个样子。黄遵宪解释说没有带钱，夫人叹了口气说："你带钱了，就装在左边的口袋里，可你只去掏右边的口袋，你怎么会找到钱呢？"

　　黄遵宪伸手一摸左边的口袋，果然有钱。夫人发现他的衣服刮破了，就拿过来，找来针线，坐在窗下慢慢补了起来。

　　三天以后，黄遵宪又要外出办事，这时想起了夫人缝补的衣服，就问她放在哪里。夫人说："那件衣服我补了又补，仍然很难补好，今天上午，我把它卖给收旧衣服的人了。"

　　黄遵宪听了很不高兴，责怪夫人不该把他的衣服卖掉。夫人也生气了，瞪着眼说："你知道这件衣服穿多少年了吗？提醒你吧，已经穿了 10 年了。"

黄遵宪："不管穿了多少年,它并不破嘛!"

夫人说:"怎么不破?前几天还让人力车刮了个大口子,你怎么忘了?"

黄遵宪说:"我认为,缝缝补补穿无妨!"

第二天,夫人看到黄遵宪站在门口,非常热情地一会儿替人作向导,一会儿东张西望,好像在找什么人……

又过了几天,夫人忽然发现,黄遵宪身上穿了一件十分熟悉的衣服。夫人皱皱眉头,心想,这衣服不是卖了吗?他怎么又穿上了?

夫人一问,这才知道,黄遵宪站在门口是在寻找那个收废品的。功夫不负有心人,他果然找到了,用钱将这件衣服赎了回来。

历史小链接

黄遵宪 (1848—1905) 晚清诗人,外交家、政治家、教育家。字公度,别号人境庐主人,汉族,广东省梅州人,光绪二年举人,历充师日参赞、旧金山总领事、驻英参赞、新加坡总领事,戊戌变法期间署湖南按察使,助巡抚陈宝箴推行新政。工诗,喜以新事物熔铸入诗,有 "诗界革新导师" 之称。黄遵宪有 《人境庐诗草》、《日本国志》、 《日本杂事诗》。被誉为 "近代中国走向世界第一人"。